Lukas, Jonathan und Sophia gewidmet,
die mich immer wieder
zur gemeinsamen Spurensuche
verleitet haben.

Ulrich Walter

geboren 1956, von 1995 bis 2002 Theologischer Sekretär
des Gesamtverbandes für Kindergottesdienst in der EKD,
seit Februar 2002 Dozent am Pädagogischen Institut der Ev. Kirche
von Westfalen für den Fachbereich Grundschule und Kindergarten.

Ulrich Walter

Gottes Spuren suchen

Kinder mit
biblischen Geschichten
durch das Jahr begleiten

Gütersloher Verlagshaus

Die Deutsche Bibliothek – CIP-Einheitsaufnahme

Walter, Ulrich:
Gottes Spuren suchen: Kinder mit biblischen Geschichten durch das Jahr begleiten /
Ulrich Walter. – Gütersloh: Gütersloher Verl.-Haus, 2002
ISBN 3-579-05580-1

Dieses Werk folgt der reformierten Rechtschreibung und Zeichensetzung. Ausnahmen bilden Texte, bei denen künstlerische, philologische oder lizenzrechtliche Gründe einer Änderung entgegenstehen.

Umwelthinweis:
Dieses Buch wurde auf chlorfrei gebleichtem und alterungsbeständigem Papier gedruckt. Die vor Verschmutzung schützende Einschrumpffolie ist aus umweltschonender und recyclingfähiger PE-Folie.

ISBN 3-579-05580-1
© Gütersloher Verlagshaus GmbH, Gütersloh 2002

Umschlag: Init GmbH, Bielefeld, unter Verwendung einer Zeichnung von Ivan Gantschev, © Patmos Verlag GmbH & Co KG, Düsseldorf
Satz: Weserdruckerei Rolf Oesselmann GmbH, Stolzenau
Druck und Bindung: Grafo, S. A., Basauri
Printed in Spain

www.gtvh.de

Inhalt

Einleitung

Gottes Spuren – mit Kindern entdecken

In der Bibel begegnen wir der Fülle des Lebens

Nicht weniger als 12 Körbe hat Jesus einsammeln lassen, nachdem mehr als 5.000 Menschen an Leib und Seele satt geworden waren, 12 volle Körbe, für jeden Apostel einen, Fülle, die uns bis heute erhalten ist!
In 12 thematisch am Lauf des Kirchenjahres und am Erleben der Kinder orientierten Kapiteln lädt das Buch dazu ein, mit Kindern Spuren Gottes in ihrem Leben zu entdecken. Mit biblischen Geschichten, die so erzählt sind, dass Kinder hineingenommen werden in die Begegnung Gottes mit seinem Volk und in die Begegnung Jesu mit den Menschen seiner Zeit.
Dazu kommen Geschichten aus dem Alltag der Kinder, die offen sind für die Erfahrung des Geleites Gottes.

Kinder fragen nach der Quelle des Lebens

Sie möchten von den Erwachsenen in ihrer Umgebung wissen, woraus sie Kraft und Lebensmut schöpfen und was ihnen Halt gibt im Leben.
Sie suchen nach Menschen, die auf ihre Fragen hören und mit ihnen auf die Suche nach Antworten gehen. Sie wollen keine fertigen Antworten, aber sie sind gespannt darauf zu hören, was andere geprägt hat.
Mit dem Weitererzählen dieser Geschichten werden die Erzählenden erkennbar: Eltern, Erzieherinnen und Erzieher, Lehrerinnen und Lehrer, Mitarbeitende in der Kirche mit Kindern. Sie treten ein in den Fluss der alten Geschichten von der Liebe Gottes zu den Menschen und geben so den Kindern Anteil an der Quelle, aus der sie Kraft schöpfen, Orientierung erfahren und angestoßen werden zu neuen Aufbrüchen.

Kinder stellen wichtige Fragen

Alle Kapitel gehen den Fragen nach, die Kinder im Blick auf ihr Entdecken und Begreifen der Welt stellen. Dabei sind die Kapitel zum ersten Teil des Kirchenjahres, von Advent bis Pfingsten ausführlicher, dafür finden sich in den an den Erfahrungen der Kinder orientierten Kapiteln eher Geschichten aus deren Lebenswelt.

Kinder fragen nach sich und ihrer Identität: Wer bin ich?

Sie fragen nach dem Sinn des Ganzen und hoffen auf ein Leben, in dem sie bejaht und hoffnungsvoll aufwachsen können.

Damit verbunden ist ihre Frage nach Leben und Tod.

Hinter ihrer Frage nach Schutz und Geborgenheit steckt (auch) die Frage nach Gott, dem Schöpfer und Erhalter unserer Welt.

Dabei interessiert sie schon sehr früh die ethische Frage, wie sie ihr Handeln einordnen und soziale Kompetenz erwerben können.

Und in ihrem Zusammenleben mit Kindern aus anderen Kulturen möchten sie über deren Religion mehr erfahren.

»Nicht zuletzt sind es aber auch die Fragen nach den ›schönen Geheimnissen‹ der Kindheit, die ihr Fragen von dem der Erwachsenen unterscheidet und unser Lernen herausfordert.«

Nach Friedrich Schweitzer: Das Recht des Kindes auf Religion. Ermutigungen für Eltern und Erzieher, Gütersloh 2000.

Kinder brauchen Geschichten!

Die Kinder unserer Zeit haben geradezu ein Recht auf Geschichten, die sie mit unseren Wurzeln verbinden, denn in ihnen kommt zum Ausdruck, was sie brauchen:

– Kinder brauchen Anerkennung, Geborgenheit und Vertrauen.
– Kinder sind auf Orientierung angewiesen. Sie möchten sich in der Welt zurechtfinden und suchen einen verlässlichen Platz für sich selbst und für ihre Familie, aber auch für die Tiere, die Pflanzen und die anderen Dinge der Schöpfung.
– Kinder wollen in ihren Fragen nach dem Woher und Wohin ermutigt werden und suchen nach verlässlicher und authentischer Begleitung. Sie brauchen Erwachsene, die sich ihrer mit Liebe annehmen

und sie in ihrer Suche nach Weltdeutung und ihrem Fragen nach
Gott begleiten.
- Kinder brauchen Raum und Zeit zum Kindsein, für ihr zweckfreies
  Spiel, die Erprobung ihrer Sinne und die Entfaltung ihrer Fantasie.
- Kinder brauchen Wertschätzung, Zuwendung und die Gewissheit: Ich
  bin angenommen und ernst genommen.
- Kinder brauchen ein Zuhause, wo sie einen Platz in der Gemeinschaft
  finden, kulturelle Identität ausbilden und geistlich wachsen können.
- Kinder wollen ihre Umwelt entdecken und begreifen. Sie staunen über
  die Geheimnisse des Lebens. Manches weckt in ihnen auch Angst und
  Gefühle der Ohnmacht.
- Kinder brauchen Geschichten, in denen sie die Zusage Gottes hören:
  Gut, dass du da bist, mein Kind, du bist wichtig an deinem Platz!
- Kinder wollen spüren: Ich bin Gottes geliebtes Kind, ich stehe unter sei-
  nem Segen.

Gottes Spuren finden – in der Bibel und in den Geschichten von heute

Biblische Erzählungen bieten Kindern Lebenserfahrungen, wenn sie so
erzählt werden, dass sie den Kindern Möglichkeiten der Identifikation bieten. Auf diese Weise werden sie hineingenommen in die Begegnung Gottes mit seinem Volk und in die Begegnung Jesu mit den Menschen seiner
Zeit. Geschichten aus dem Alltag der Kinder öffnen den Horizont für die
Erfahrung des Geleites Gottes. Sie laden ein, nach der »Quelle des Lebens«
zu fragen und bieten Kindern Standpunkte zur Orientierung, »die Licht auf
dem Wege« sind.
Im Erzählen begegnen sich erzählte Zeit und Erzählzeit, daher öffnen gerade die Texte der Bibel durchaus auch in ihrer Fremdartigkeit Bezüge zu
den Fragen des Lebens und sind durchlässig für die Alltagserfahrungen
der Kinder.
Und so bietet dieses Buch Erzählungen aus beiden Perspektiven: Sie
machen sich auf die Suche nach Spuren Gottes im Leben der Kinder in
Geschichten von heute und öffnen das Fenster zu Texten der Bibel,
und sie knüpfen in den Geschichten der Bibel an das Leben der Kinder an,
sodass sie sagen: Ja, so geht es mir auch!

1. Von der Sehnsucht nach Frieden in der Welt

Geschichten zu Advent und Weihnachten

Die Sehnsucht unserer Kinder nach Frieden drückt sich nicht nur zu Weihnachten aus, aber gerade ganz besonders in dieser Zeit. Sie trifft dabei auf eine Friedenssehnsucht der Erwachsenen, wie trotz allem Unbehagen an der Betriebsamkeit und Kommerzialisierung rund um das Fest festgestellt werden kann: Verheißen ist uns der Friede auf Erden, und da geht es eben doch um mehr als um vorläufige Befriedigung sentimentaler Gefühle. Darum gilt es, die Botschaft vom Anbruch des Reiches des Friedenskönigs Jesus inmitten der Welt zu Gehör zu bringen, die mich umgibt.

Die ersten Geschichten dieses Abschnittes stehen in der Tradition des Lukas und bieten den Kindern eine Identifikationsfigur, in der sich ihre eigenen Hoffnungen und die Erwartungen der Menschen an den Messias begegnen. In einer weiteren Erzählung wird mit dem Farbspektrum des Lichtes gespielt.

Ganz anders die weitere Erzählung des Weihnachtszyklus. Sie spannt den Bogen von der hektischen Vorweihnachtszeit hin zu einem Blickwechsel auf diejenigen, die von der Herrschaft des Friedenskönigs zuerst betroffen sind, die Kleinen und Armen.

Der Advent des Hirtenjungen Benjamin

Der Königsstern

Benjamin heißt ein kleiner Hirtenjunge, der zu der Zeit lebte, als Herodes König von Jerusalem war. Benjamin kommt aus Bethlehem, einer kleinen Stadt in der Nähe von Jerusalem.

Erst zwölf Jahre ist er alt und muss schon draußen vor der Stadt bei den Schafherden arbeiten. Seine Mutter war bei der Geburt gestorben. Sein Vater ist alt und lebt bei seinem Bruder. Es ist nicht genug Geld für alle da. So ist Benjamin zu den Hirten gekommen, um bei ihnen zu lernen.

Die anderen, das sind Markus, Samuel und der alte Matthias. Doch heute sind sie nur zu dritt. Samuel ist noch nicht zurückgekehrt. Er sucht noch immer eines der Schafe, das sich verirrt hat. Mittlerweile ist es schon dunkel geworden und das Feuer brennt. Das Feuer wärmt die Hirten in der kalten Nacht. Und es hält die wilden Tiere fern.

Die Hirten machen sich langsam Sorgen um Samuel. »Wo er nur bleibt?« Bei jedem Geräusch horchen sie auf. Benjamin legt noch ein paar Äste auf, denn Samuel soll das Feuer schon von weitem brennen sehen. Dann kauert er sich neben den alten Matthias. Keiner soll merken, dass er nachts Angst hat. Die anderen ärgern ihn dann und sagen: »Aus dir wird nie ein richtiger Hirte!« Nur Matthias lässt ihn das nicht spüren, im Gegenteil, abends darf sich Benjamin unter seine Decke kuscheln. »Wo nur Samuel bleibt?« Der alte Hirte horcht in die Dunkelheit. Heute scheint es aber auch besonders still zu sein. »Siehst du den Stern dort?«, fragt Matthias. Benjamin schaut in den Himmel, dorthin, wo der Alte seine Hand hinstreckt. Unzählig viele Sterne funkeln in dieser Nacht, aber einer leuchtet besonders hell. »So einen hellen Stern habe ich noch nicht gesehen«, sagt Matthias, »so hell strahlen die Sterne nur, wenn ein wirklicher König geboren wird.« Benjamin ist wieder hellwach. »Ein wirklicher König? Ist denn Herodes in Jerusalem kein richtiger König?« Der Alte schüttelt den Kopf und seufzt: »Ach, Benjamin, ist das ein guter König, der im Reichtum lebt, während das Volk arm ist? In früherer Zeit hat Gott die Könige selbst ausgesucht. Einer dieser Könige hieß David, er war ein Hirtenjunge, genau wie du!« Benjamins Augen strahlen. »Ist dieser David damals in einem richtigen Palast geboren? Wie ein richtiger Prinz?«»Nein, er war ein Hirtenjunge wie du, als Gott ihn auserwählte. Aber da war Gott auf seiner Seite.« – »Bitte, Matthias, erzähle noch mehr von Gott und seinem König!«

Der alte Hirte erzählt die Geschichte von David. Einmal hat er ganz allein den riesigen Soldaten Goliath besiegt. »Wirklich ganz allein?« – »Ja, so ist es in den alten Büchern aufgeschrieben. Gott stand auf seiner Seite, das hat er gespürt, und darum hat er es geschafft und ist nicht weggelaufen wie die anderen. Später ist David dann in Jerusalem König geworden.«

Mit wachen Augen schaut Benjamin zu dem hellen Stern. Diese Geschichte begeistert ihn. »Wenn jetzt auch so ein wirklicher König geboren wird, einer, den Gott erwählt hat? Oh, ich möchte so tapfer sein wie der David damals, da könnte ich dem neuen König helfen. Wenn ich doch nur etwas mehr Mut hätte!« – »Aber Benjamin, es ist nicht der Mut allein. Gott stand auf seiner Seite. Und er steht auch auf deiner und meiner Seite. Gott möchte Frieden und Gerechtigkeit in der Welt, und darum fängt er bei den kleinen Leuten, bei uns, an.« Der alte Hirte nimmt Benjamin in den Arm und sie schauen gemeinsam in den Himmel. »Der König, den Gott ausgewählt hat, der braucht nicht nur Mut. Er muss ein großes Herz haben für all das Leid in der Welt. Und viel Liebe braucht er für alle Menschen. Damit auch die Armen in Frieden leben können. Schau uns doch an! Von uns Hirten weiß der König Herodes nichts. Wir sind ihm egal. Schon die besseren Leute von Bethlehem wollen mit uns nichts zu tun haben. Weil wir ärmlich gekleidet sind, taugen wir nichts, so sagen sie. Aber was können wir dafür, dass wir arme Hirten sind? Sind wir schlechtere Menschen? Dabei haben wir doch eine schwere und wichtige Arbeit! Nacht für Nacht passen wir auf die Schafe auf. Wilde Tiere und Räuber gibt es genug, die gern ein Schaf wegstehlen. Samuel ist ganz allein unterwegs und sucht eines, das sich verirrt hat. Als ob dazu nicht Mut gehört!«

Benjamin nickt. Er möchte auch gern ein guter Hirte werden. So stark und mutig wie Samuel, einer, der sich wirklich um die Tiere sorgt. Wenn er doch endlich zurückkäme! Der Stern am Himmel leuchtet hell. »Ein wirklicher König, den Gott ausgewählt hat ...« Benjamin ist an der Seite von Matthias eingeschlafen und träumt, wie alles besser wäre in der Welt, wenn dieser König gekommen ist. »Dann müssten die Menschen nicht mehr hungern, sie würden sich vertragen und nicht mehr so viel streiten. Er könnte wieder bei seiner Familie sein. Endlich wäre richtiger Friede!«

Benjamin in Bethlehem

Benjamin, der eben noch vom neuen Friedenskönig geträumt hat, ist von der Unruhe am Feuer aufgeschreckt. Samuel kommt zurück aus der dunklen Nacht. Markus ist aufgesprungen, um ihm entgegenzulaufen. Auf den Schultern trägt Samuel ein Schaf. »Ich habe es gefunden«, freut Samuel sich, »stellt euch vor, es war so weit weg, wie wir noch nie mit der Herde waren. Es ist herumgeirrt und hat sich an einer Dornenhecke verletzt.« Benjamin sieht, dass es am Vorderfuß blutet. Schnell springt er auf, holt Stoffstreifen und eine Schüssel mit sauberem Wasser. Markus hält das Schaf fest und Samuel reinigt die Wunde. Mit einem Messer entfernt er die Dornen. Dann reibt er einige Heilkräuter in die Wunde und verbindet sie. Benjamin bringt dem erschöpften Schaf noch etwas zu trinken. Auch Samuel ruht nun erst einmal am Feuer aus.
Benjamin ist stolz auf Samuel und freut sich, dass er helfen darf, das Schaf zu verbinden. Wenn nur die Angst nicht wäre. Jeden Abend kommt sie, wie die Kälte, die den Hirten an den Beinen hochsteigt. Samuel schaut ihn an. »Benjamin, heute ist ein besonderer Tag, das wollen wir feiern. Geh du nach Bethlehem und hole uns Wein!« Benjamins Herz klopft ihm bis zum Hals. Jetzt, mitten in der Nacht nach Bethlehem? Er hat Angst vor dem Weg. Doch plötzlich steht der alte Matthias auf, schaut Benjamin an und sagt: »Komm, wir gehen zusammen. Dann sehe ich auch den Wirt vom Goldenen Lamm mal wieder, ich kenne ihn noch von früher.« Benjamin ist froh. Bei Matthias hat er keine Angst. So machen sich also die beiden noch spät am Abend auf den Weg.
»Du kommst auch aus Bethlehem?«, fragt Benjamin. »Ja, aber das ist schon lange her. Damals hatte mein Vater noch einen Hof, bis dann das Unglück über meine Familie hereinbrach. Eines Abends brannte unser Haus. Wir konnten nichts mehr retten. Und als mein Vater bald darauf starb, musste ich arbeiten gehen, um die Familie zu versorgen. Da wurde ich ein Hirtenjunge wie du. Ich besitze nur noch einen alten Stall. Aber der ist bestimmt längst verfallen und zu nichts mehr nütze.«
Benjamin, legt seine kleine Hand in die große des Alten. Schweigend gehen sie auf Bethlehem zu. Über ihnen wölbt sich ein klarer Sternenhimmel, und ein Stern über Bethlehem leuchtet ganz besonders hell.

Als sie am Tor der Stadt angelangt sind, bemerken sie eine große Unruhe in den Straßen. Überall Leute, und schon am Tor werden sie von Simon empfangen: »Na, kommt ihr auch zum Zählen in eure alte Heimatstadt?« Die beiden schauen sich an. »Zum Zählen?« – »Ja, seid ihr etwa die Einzigen, die es noch nicht wissen? Der Kaiser in Rom, wie heißt er doch gleich? Richtig, Augustus heißt er, der hat eine Volkszählung beschlossen. Und darum müssen alle Männer in die Stadt gehen, in der sie geboren sind. Ihr könnt euch vorstellen, was hier los ist, von weit her kommen sie angereist. Aber geht nur weiter, ich habe viel zu tun.«

Ein junger Mann kommt mit seiner Frau. Man sieht, dass es ihr nicht gut geht. »Guter Mann, ich bin Josef aus Nazareth. Meine Familie stammt aus Bethlehem, und das ist Maria, meine Frau. Könnt ihr mir sagen, wo wir unterkommen können. Meine Frau hat Wehen, sie erwartet ihr erstes Kind.« Simon schüttelt den Kopf. »Da müsst ihr schon selber suchen, ich weiß beim besten Willen nichts für euch. Mein Haus ist auch schon voll bis unters Dach.« Traurig gehen die beiden weiter in die Stadt hinein.

Matthias und Benjamin sind mittlerweile beim Goldenen Lamm angelangt. Sie setzen sich erst einmal, denn Matthias hat alte Bekannte getroffen. Nach einer Weile bringt der Wirt ihnen zwei Krüge mit Wein. Sie bezahlen und wollen gerade wieder gehen, als das junge Paar in die Tür tritt. Benjamin hört, wie Josef mit dem Wirt redet. »Hab doch ein Herz mit uns. Meine Frau bekommt ein Kind, vielleicht schon diese Nacht. Nimm uns doch auf!« Doch der Wirt schüttelt den Kopf. »Guter Mann, du siehst selbst, wie voll es hier ist. Ich kann mir doch kein Bett aus den Rippen schneiden! Ihr seid spät!« Ungeduldig fuchtelt er mit den Armen. »Jetzt seht zu, dass ihr Platz macht, ihr seht doch, meine Gäste wollen gehen.« Er schiebt Josef an die Seite, damit Benjamin und Matthias gehen können.

Die beiden gehen mit ihren Krügen den Weg zur Herde zurück. »Arme Leute sind das«, sagt Benjamin. Matthias nickt ihm zu. »Da hast du wohl Recht, wenn sie selbst im Goldenen Lamm nicht bleiben können. Wo sollen sie da noch hin, mitten in der Nacht.«

»Die können einem wirklich Leid tun«, sagt Benjamin. Am Himmel leuchtet der Stern, hell und klar.

Da bleibt Matthias plötzlich stehen.

»Der alte Stall!«, ruft er, »ich habe dir doch vorhin davon erzählt, gerade hier war es, und jetzt fällt es mir wieder ein.« »Er wird ziemlich kaputt sein«, sagt Benjamin. »Aber eingestürzt ist er in all den Jahren nicht«, erwidert Matthias. »Das Dach ist wenigstens noch in Ordnung!« Benjamin schaut ihn an: »Du denkst wohl auch immer noch an die beiden vor dem Goldenen Lamm?« Matthias nickt. »Ja, und ich ärgere mich, wenigstens anbieten können hätte ich ihnen den Stall. Dass mir das nicht eher einfallen konnte! Wenn ich nur wüsste, ob wir sie noch treffen können.«

Benjamin ist ganz Feuer und Flamme. »Lass es uns versuchen!« Schnell verstecken sie die Weinkrüge unter einem Fels und gehen so schnell sie können nach Bethlehem zurück. »Ob wir sie finden?«

Die Engel bringen den Hirten die gute Nachricht

Als Matthias und Benjamin noch einmal durch das Tor in die Stadt wollen, wundert sich Simon nicht schlecht. Hastig gehen sie durch die Straßen. »Wo sie nur sein mögen?« Endlich finden sie Maria, und Matthias bleibt bei ihr. Benjamin läuft weiter und schon bald sieht er im Dunkeln Josef gehen. »Warte«, ruft er, so laut er kann. »Wir haben etwas für euch!« Schnell gehen die beiden zu Maria zurück. Das schwere Gepäck tragen sie nun zusammen.

»Es ist nicht weit von hier«, sagt Matthias. »Ein alter Stall.« Sie gehen aus der Stadt zurück. »Dort ist er, das Einzige, was ich besitze, nehmt ihn, bitte!« Die Tür quietscht, als er sie öffnet. Licht scheint durch die Ritzen, und durch das Fenster kann Benjamin den Stern sehen. »Da ist er wieder, unser Königsstern.« – »Kommt nur herein, viel kann ich euch nicht bieten: ein paar Balken, die können Stuhl und Tisch sein, eine Futterkrippe und Stroh, auf dem ihr schlafen könnt.« »Für uns ist es viel«, sagt Maria. »Es ist alles, was ihr besitzt. Wir haben ein Dach über dem Kopf und Stroh, um uns zu wärmen. Danke!« Sie drückt dem Alten die Hand. »Ich bin Zimmermann, ich werde das Nötigste wieder in Ordnung bringen«, sagt Josef. Sie setzen sich auf einen Balken und laden Matthias und Benjamin zum Essen ein, doch die wehren ab. »Es ist höchste Zeit, dass wir zurückgehen. Bestimmt sorgen sich die anderen schon um uns.«

16

Nachdem sie die Weinkrüge aus dem Versteck geholt haben, kehren sie zur Herde zurück. Manchmal bleiben sie stehen, denn jetzt sind sie doch müde. »Sieh nur, der Stern, nun steht er genau über Bethlehem. Sicher schlafen dort schon alle.« Weit kann es nicht mehr sein. Endlich sehen sie das Feuer. Markus kommt ihnen schon entgegen.

Aber bevor er fragen kann, wo sie denn nur geblieben sind, platzt Benjamin schon mit den Neuigkeiten heraus: »Matthias hat seinen Stall zwei armen Leuten gegeben.« Am Feuer angekommen, erzählen sie den anderen ihre Erlebnisse. Welch eine Nacht! Doch erst einmal stoßen sie auf Samuel und das wiedergefundene Schaf an.

Mittendrin springt Matthias auf: »Still! Irgendetwas stimmt nicht.« Alle horchen in die Dunkelheit hinaus. Die Herde ist unruhig, die Hunde bellen. Sie fürchten sich vor irgendetwas. »Schnell zur Herde!«, ruft Samuel und greift nach seinem Stock. Nicht auszudenken, was passiert, wenn die Tiere mitten in der Nacht ausbrechen! Benjamin hat große Angst, aber er merkt, dass auch Samuel zittert.

»Dort!«, schreit Benjamin, »seht dort!« Alle starren zum Himmel. Und plötzlich ist um sie herum ein Glänzen, als wäre es heller Tag. Der Alte versteckt seinen Kopf hinter dem Hut. Samuel packt Benjamin vor seinen Bauch und kauert sich auf den Boden, auch Markus wirft sich hin. Voller Furcht sehen sie auf eine glänzende Gestalt.

Ein Engel spricht zu ihnen: »Fürchtet euch nicht! Habt keine Angst!« Langsam schauen die Hirten auf. Ganz friedlich klingt diese Stimme und nimmt ihnen die Furcht. Sie hören, was der Bote Gottes ihnen sagt: »Ich habe gute Nachricht für euch, alle Menschen werden sich darüber freuen. Heute Nacht wurde in Betlehem der geboren, der euch alle retten wird: Der Friedenskönig, den Gott für euch ausgewählt hat!« Es dauert lange, bis die Hirten diese Worte begreifen. In Bethlehem, da, wo Matthias und Benjamin gerade noch waren? Und wieder hören sie die Stimme: »Geht hin und seht selber nach. Ihr werdet das Kind finden, in Windeln gewickelt und in einer Futterkrippe liegen. Dieses Kind ist Gottes Sohn. Er hat ihn zu euch geschickt, er wird euch retten. Nun wird alles Leid ein Ende haben.« Und dann erscheinen immer mehr Engel, ein ganzer Chor. Sie loben Gott und rufen: »Ehre sei Gott im Himmel! Er schenkt allen Menschen Frieden auf Erden.«

»Ehre sei Gott im Himmel«, sagt Matthias eine ganze Weile später, als alles schon wieder dunkel ist. Auch die Herde war wieder still. »Der Königsstern«, ruft Benjamin. »Wir haben ein Zeichen gesehen!« »Aber jetzt wissen wir, was es bedeutet.« Matthias legt seinen Arm um Benjamins Schulter. »Hat er wirklich gesagt, dass das Kind in einer Futterkrippe liegt?« Erst langsam begreift Benjamin. »In deinem Stall steht doch die Futterkrippe! Maria, sie erwartete ein Kind!« Benjamin lässt nicht locker. Matthias presst die Hand vor seinen Mund und sagt dann: »In meinem Stall wurde der Friedenskönig, der Retter der Erde geboren?« »Ja, schau nur, genau über dem Stall steht der Stern!«

Benjamin ist ganz aufgeregt. »Lasst uns hingehen.« »Ja, geht nur«, sagt der alte Matthias, »ich bleibe bei den Schafen, einer muss bei ihnen sein.« Das fällt ihm nicht leicht, denn er wäre natürlich gern mitgegangen. »Keiner bleibt hier«, beschließt Samuel. »Wir ziehen mit der ganzen Herde zu dem Kind in der Krippe!«

Die Hirten besuchen das Kind im Stall

Alle Hirten sollen mitgehen, um zu sehen, was der Engel ihnen verkündet hat. Und so bereiten sie sich auf den Weg mit der Herde vor. »Aber was nehmen wir dem Kind mit?« Ratlos schauen sie sich an. Arm wie sie waren, haben sie nichts, was ein neugeborenes Kind und seine Eltern gebrauchen können. »Einen Laib Brot werde ich mitnehmen, bestimmt haben sie Hunger.« Samuel verstaut das Brot in der Tasche. »Dazu ein Stück Käse von unseren Schafen; und ein wenig Milch haben wir auch noch«, sagt Markus. Der alte Matthias kramt in seiner Tasche und zieht ein kleines Holzschaf hervor. Vor Jahren hat er es einmal geschnitzt. Nun soll es dem kleinen Kind gehören.

Auch Benjamin sucht mit einer kleinen Kerze in seinen Sachen: Je länger er sucht, umso trauriger wird er. Er ist noch nicht lange bei den Hirten, nicht einmal ein Fell oder etwas Wolle kann er dem Kind schenken. Traurig setzt er sich hin und weint; denn er möchte dem neugeborenen Friedenskönig so gern etwas mitbringen. Da beugt sich der Alte über ihn und sagt: »Du brauchst nicht zu weinen, mein kleiner Benjamin, du hast dem Kind schon sehr viel geholfen. Bringe ihm deine Kerze mit. Das Licht wird den Stall erleuchten und ein wenig Wärme spenden. Was braucht ein Neugeborenes mehr als Licht und Wärme?« Benjamin schaut Matthias an: »Licht und Wärme, ich schenke dem Friedenskönig etwas von dem, was wir alle brauchen.« Jetzt ist er wieder froh.

Mittlerweile sind die anderen Hirten fertig und alle machen sich mit der Herde auf den Weg. Es dauert lange, bis sie am Stall angekommen sind, über dem der Stern noch immer so hell leuchtet. »Ob wir jetzt stören können?«, fragt Samuel. »Seht nur, es brennt noch Licht!«, ruft Benjamin ungeduldig, und er schiebt Matthias vor. »Du musst klopfen!« Schon bald öffnet Josef die Tür. »Ihr seid es«, freut er sich, als er Matthias und Benjamin erkennt, »und eure Freunde habt ihr mitgebracht.« »Wir wollen das Kind begrüßen und ihm unsere guten Wünsche sagen«, sagt Benjamin. »Dann wisst ihr es schon? Wir sind so glücklich! Kommt nur herein! Maria, sieh nur, wir haben Besuch. Es wissen schon viele, dass Jesus geboren ist.« Ganz verlegen treten die Hirten ein. So viel Unerwartetes ist in dieser Nacht geschehen. Sie fragen sich, warum ausgerechnet sie in dieses Ereignis hineingeraten sind.

Maria nimmt das Kind aus der Krippe und hält es in ihren Armen. Benjamin geht mit seiner Kerze zum Kind und das Licht erhellt sein kleines Gesicht. Ganz nah will er dem Kind sein. Maria stellt seine Kerze auf die Krippe und dankt für das schöne Geschenk. »Jetzt leuchtet deine Kerze für unseren kleinen Jesus. Sein Name bedeutet: Gott hilft.« – »Die Engel haben uns geschickt«, sagt Benjamin leise. »Der Friedenskönig, den Gott für die Menschen ausgesucht hat, ist geboren«, flüstert Matthias und stellt sein Holzschaf zu der Kerze. Es ist sein erstes Spielzeug. Markus und Samuel geben Josef das Brot, den Käse und die Milch. Dann legt Maria dem alten Matthias das Kind in den Arm. Er schaut es lange an und sagt: »Es ist so, wie es die Engel gesagt haben. In Bethlehem ist der Friedenskönig geboren, er wird uns alle retten. Schau, Jesus, das ist Benjamin, er ist Hirtenjunge, genau wie der König David vor langer Zeit. Er kam auch aus Bethlehem. Und nun sind wir Hirten die Ersten, die Jesus, Gottes Sohn, begrüßen dürfen.« Matthias wiegt das Kind in seinen Armen und dankt Gott, dass Maria und das Kind wohlauf sind.

Benjamin muss wieder an seinen Traum denken: »Ob es jetzt gut wird auf der Erde? Bestimmt! Wenn Gott seinen Sohn zuerst zu den Armen schickt, dann wird bald Frieden sein. Dann wird wieder Licht und Wärme bei den Menschen sein und das Leid hört auf.« Maria hört aufmerksam auf alle diese Worte.

Die Hirten kehren nun wieder zu ihren Weiden zurück. Sie danken Gott für alles, was sie gehört und gesehen haben. Es war so, wie der Engel es ihnen gesagt hat. Diese Nacht wird keiner von ihnen vergessen. »Wir armen Hirten haben alles miterlebt. Wenn schon sonst keiner mit uns zu tun haben will; zu uns ist Gottes Sohn zuerst gekommen. Jetzt wird es gut auf der Erde.« Samuel freut sich und nimmt vor Übermut Benjamin auf den Arm und läuft los. Der trommelt ausgelassen auf seine Schultern und ruft: »Und morgen laufe ich nach Bethlehem und erzähle allen, was wir erlebt haben: »Gottes Sohn ist zu uns auf die Erde gekommen, er wird die Welt retten!«

Impuls zur Weiterarbeit

Die einzelnen Teile der Geschichte bauen aufeinander auf und ermöglichen mit einfachen Mitteln ein Nachspielen der verschiedenen Episoden, die auch als Weihnachtsspiel aufgeführt werden können.

Ist das nicht herrlich?

In jener geheimnisvollen Nacht, als der Himmel über Bethlehem in einem neuen Licht erstrahlte, hielten die Hirten vor den Toren der Stadt Nachtwache bei den Schafherden. Wenn sie am Feuer saßen, hörten sie gerne die Geschichten von Micha, dem Ältesten in ihrer Mitte. Niemand wusste, woher er eigentlich kam. Vor vielen Jahren war er aus seiner Heimat vertrieben worden. »Er ist ein wenig wunderlich«, sagten die anderen Hirten, denn seine Augen glänzten, wenn er ihnen von seiner Hoffnung auf den Messias erzählte. »Eines Tages wird Gottes Herrlichkeit erscheinen, und die ganze Welt wird in einem neuen Licht erstrahlen. Wenn der Friedenskönig kommt ...«, so begannen viele seiner Geschichten. Besonders Benjamin hörte ihm gern zu. Seit seine Mutter gestorben war und sein Vater sich nicht mehr um ihn kümmerte, lebte er bei den Hirten. Hier bekam er ein wenig Anerkennung und Wärme, besonders von Micha. Auch Ruben war gut zu Benjamin, obwohl ihn die Sorge um die eigene Familie quälte. Der Lohn seiner Arbeit reichte kaum aus, um alle seine Kinder zu ernähren. In dieser Nacht saß auch noch ein Fremder am Feuer. Er hatte sich verschuldet, und die Zinseintreiber hatten ihm das letzte Hemd genommen. Abgerissen, wie er war, schämte er sich in die Stadt zu gehen und suchte frierend Schutz und Wärme bei den Hirten.

Micha wollte gerade beginnen, als sich plötzlich ein strahlendes Licht in allen Farben des Regenbogens über die Felder ergoss und eine Stimme ertönte:»Fürchtet euch nicht! Freut euch über den Retter der Welt, heute ist er geboren: Jesus, der Messias, in Bethlehem. Und daran werdet ihr ihn erkennen: Ein Kind liegt in Windeln gewickelt in einer Futterkrippe.« Die Hirten waren erschrocken. Schützend hielten sie die Hände vor ihr Gesicht. Vorsichtig blickten sie nach einer Weile auf, sie sahen den Engel Gottes und bei ihm einen großen Chor, dessen Gesang den Himmel erfüllte:»Ehre sei Gott in der Höhe und Friede bei den Menschen, die Gott lieb hat!«

Als es wieder dunkel wurde, schauten sich die Hirten an:»Was war das, Micha?«»Ist nun geschehen, worauf ich so lange gehofft habe? Welch ein Licht! Ein solches Blau habe ich noch nie gesehen. Nun wird Frieden sein und auch ich werde ein Dach über dem Kopf haben.« Benjamin schaute Micha an.»Ich habe aber ein anderes schönes Licht gesehen, alles war in ein tiefes Rot getaucht.«»Ich freu' mich so, ich werde wieder eine Familie finden!«»Die grünen Lichtstrahlen haben mir etwas anderes gezeigt!«, Ruben nickte den anderen zu.»Alle Kinder der Welt werden satt sein, vorbei sind Hunger und Durst!«

Auch der Fremde stand auf:»Und mir hat ein gelbes Leuchten gezeigt: Die Zeit der Schande ist vorbei. Alle Menschen werden in Würde leben.«»Ist das nicht herrlich?« Ohne zu zögern brachen sie nach Bethlehem auf und fanden alles, wie der Engel ihnen gesagt hatte. Da war es Benjamin, als strahle ein wunderbares Licht aus der Krippe mit dem Kind. Es tauchte Michas Gewand in ein tiefes Blau, Ruben leuchtete in grünem Glanz und in einem gelben Schein stand der Fremde aufrecht vor dem Kind. Da wurde Benjamins Herz ganz warm von dem tiefen roten Schein, der auf ihn fiel.

Unerwartete Ankunft

Voller Erwartung und voller Geheimnisse ist die Adventszeit. Aber es ist
auch eine unruhige Zeit. Wir freuen uns auf Weihnachten, wünschen uns
Ruhe und Besinnung für das Fest der Geburt Christi. Die alten Erwartungen des Friedenskönigs, hier und da werden sie noch manchmal wach,
wenn auch nur verborgen in den vielen Sternen, mit denen sich Häuser
und Geschäfte schmücken. Und doch, diese Zeit des Jahres ist eine sehr
unruhige Zeit: Anstatt in Ruhe Jesu Ankunft zu erwarten, eilen Große und
Kleine von Feier zu Feier, von Geschäft zu Geschäft. Das kann einen
schon bis in den Schlaf verfolgen! Ich will euch von einem merkwürdigen
Traum erzählen: Da ist ein Bahnhof mit einer großen Empfangshalle.
Viele Treppen führen zu den Bahnsteigen. Überall ist ein hektisches
Kommen und Gehen. Es ist der Samstag vor dem 3. Advent. Menschen
hasten aneinander vorbei, sie schubsen, sie schieben und drängeln sich.
Kalt ist es, ihre Mantelkragen sind hochgeschlagen, in den durchgefrore-
nen Händen tragen sie große Pakete. Sie haben kaum einen Blick für die
vielen Sterne und Kerzen, mit denen sich die Einkaufspassage des Bahn-
hofs schmückt.

So fällt es auch nicht weiter auf, als auf einmal eine leuchtende Schrift auf der großen Anzeigetafel erscheint. Neben vielen kleinen glitzernden Sternen wandert ein großer Stern langsam über die Tafel. In seinem Schweif zieht er Worte hinter sich her:»Achtung! Der für den Heiligen Abend auf Bahnsteig 1 erwartete Zug kommt aus dringenden Gründen schon heute. Wir erwarten SEINE Ankunft auf Bahnsteig 7.«

Keiner der Menschen scheint es wahrgenommen zu haben, alle rennen weiter zum Bahnsteig 1. Dort ist schon alles für SEINE Ankunft vorbereitet. Tannenbäume werden aufgestellt, Lichterschmuck wird dekoriert, sogar eine Krippe wird aufgebaut. Mit vielen Kerzen wird der Bahnsteig bestückt, damit am Heiligen Abend ihr Schein für Licht und Wärme sorgt.

Der Aufgang zum Bahnsteig 7 ist leer. Unbeachtet kommen einige abgerissene Gestalten die dunkle Treppe herunter, armselig und an Stöcken. Ihre ganze Habe scheinen sie auf dem Rücken zu tragen. Suchend schauen sie sich um, doch sie werden wirklich von niemand erwartet. Im Gegenteil: Schnell werden sie von herbeieilenden Aufsichtsbeamten aus der Halle verscheucht.

Dann erinnere ich mich an den Abend des 24. Dezembers: Wieder ist es voll auf dem Bahnhof. Diesmal aber herrscht eine feierliche Ruhe. Die Menschen sind fröhlich. Voller Vorfreude streben sie dem Bahnsteig an Gleis 1 zu, Blumen werden ausgepackt.

»Gleich wird ER ankommen, endlich ist es so weit.« Die Kerzen brennen, eine warme Stimmung breitet sich unter den Menschen aus.

Doch dann plötzlich, wie aus heiterem Himmel wird der ganze Bahnsteig in ein blendendes Licht getaucht; sein grelles Funkeln lässt die Kerzen erblassen. Und wieder, mit scharfem Lichtstrahl geschrieben, sind deutlich Worte zu lesen:»Achtung, wir weisen noch einmal darauf hin, dass der für heute erwartete Zug bereits am Samstag vor einer Woche angekommen ist.« Überall schauen sich die Menschen ratlos an. Die feierliche Ruhe ist einem aufgeregten Stimmengewirr gewichen:»Aber dann hätten wir IHN doch sehen müssen! Wir waren doch alle hier!«

Da wandert der helle Strahl langsam den Bahnsteig entlang bis zum Ende. Und aus dem Dunkeln kommen einige armselige, abgerissene Gestalten in das Licht. Jene, die vor einer Woche unbeachtet vom Bahnsteig 7 kamen und verjagt wurden. Unsicher schauen sie sich um, staunen über die

Pracht, mit der der Bahnsteig geschmückt ist. Aber keiner weist sie an diesem Abend zurück.

Einer von ihnen löst sich aus der Gruppe, geht auf eine ältere Frau zu und spricht zu ihr: »Ich war hungrig, und du hast mir zu essen gegeben.« Eine andere wendet sich an einen jungen Mann: »Ich war fremd, und du hast mir ein Dach über dem Kopf besorgt.« Ein Dritter geht zu einer jungen Frau: »Ich wurde verfolgt, und du hast mir eine gerechte Verhandlung verschafft.« Und so kommen sie einer nach dem anderen: Hungrige, Kranke, Gefangene und Fremde. Menschen, deren Leben voller Leid und Trauer ist.

Und alle, zu denen sie gehen, sind ratlos: »Ich verstehe nicht, ich bin doch hier hingekommen, weil ich Jesus erwarte: ER ist es doch, der da kommen soll!«

Und mit einem Mal ist der ganze Bahnsteig in ein warmes Licht getaucht und wie ein Schweif eines Sternes erscheinen Worte auf der Anzeigetafel: »Jesus Christus spricht: Was ihr getan habt einer dieser meiner geringsten Geschwister, das habt ihr mir getan.«

Noch lange habe ich über diesen Traum nachgedacht. Seitdem gehe ich mit anderen Augen durch die Stadt. Denn manchmal holt unser Weihnachtslicht gerade die in den Blick, die über dem ganzen Rummel eigentlich im Schatten bleiben sollten.

Matthäus 25,40

Impuls zur Weiterarbeit

Hintergrund dieser Geschichte ist das Gleichnis Jesu vom Weltgericht, insbesondere der Kernsatz aus Mt 25,40. Dazu kann die Geschichte »Der Sohn des Königs«, S. 87, eingesetzt werden.

2. *Wer ist dieser Jesus?*

Geschichten von Begegnungen Jesu mit den Menschen

Die Antwort auf die Frage über diesem Kapitel fällt gar nicht so leicht! Und doch, in den Evangelien tritt uns Jesus als Person gegenüber. Natürlich sind diese Texte zunächst Zeugnisse des Glaubens der ersten Christen. Sie wurden aufgeschrieben, um den Nachlebenden ein Bild zu erhalten, was über die Generationen mündlicher Tradition zu verblassen drohte.

Es sind Geschichten, die Bilder der Hoffnung entfalten, damals und heute. So, wie sie in der ersten Gemeinde neue Hoffnung weckten, so werden sie geradezu notwendig für die Kinder unserer Zeit angesichts der Übermacht der trostlosen Bilder, denen sie ausgesetzt sind. Glaubwürdig sind sie durch die Person Jesu, der gerade nicht als eine Art Superman auftritt, sondern als Mensch wie du und ich für das Leben eintritt. Im Bewusstsein seines besonderen Gerufenseins von Gott tritt er mit seinem Leben dafür ein. Die folgenden Erzählungen aus dem Neuen Testament stellen in den ersten Geschichten Gott als den Vater Jesu und unseren Vater vor. Es folgt ein Abschnitt aus dem Lukasevangelium, in dessen Erzählungen dicht miteinander verwoben das neue Gottesverständnis Jesu aufleuchtet, zu dem er seine Zeitgenossen und uns einlädt: Es ist Gott, der den Menschen gerecht spricht, ohne Vorleistung, ohne Blick auf Herkunft, Gesellschaftsstand, körperliche Stärke und soziale Einstufung. Simon Petrus, der vom Aussatz befreite Mann, der geheilte Gelähmte und der Zöllner Levi sind die Ersten, die am eigenen Leib erfahren haben, was es heißt: Du gehörst zu Gott, dem Vater Jesu Christi! Und in den Erzählungen werden sie den Zuhörenden zu Identifikationsfiguren, auch sie sind mit der Einladung gemeint.

Es folgen weitere Erzählungen von Begegnungen von Menschen mit Jesus, die heilend waren und ihr Leben neu werden ließen. Dazu kommen Gleichnisse, die ein Bild auf die Herrschaft der Liebe werfen, die Gott mit Jesu Wirksamkeit in Galiläa hat anbrechen lassen. Sie machen deutlich: Jesus steht als der von Gott Gesandte bedingungslos auf der Seite der Menschen; darum hat er auch Gegner, die die alten Ordnungen gefährdet sehen.

Im Register können weitere Erzähltexte aus dem Neuen Testament gesucht werden, die thematisch den Kapiteln 5 bis 12 zugeordnet wurden.

In allen diesen Geschichten werden die Kinder eingeladen, sich mit ihren Fragen nach Identität einzubringen, denn ihre Fragen nach Jesus sind immer verbunden mit ihrer Frage: Wer bin ich? Wie komme ich selbst vor in diesen Geschichten? Und, wie kann ich mich in diesen Geschichten immer mehr finden und Persönlichkeit entwickeln?

Taufe Jesu

»Geht hin in alle Welt und macht alle Menschen zu meinen Nachfolgerinnen und Nachfolgern. Tauft sie im Namen des Vaters, des Sohnes und des Heiligen Geistes und erzählt ihnen von Gottes Liebe zu den Menschen; macht ihnen Mut, dass sie diese Liebe weiter tragen können zu den anderen Menschen.« Das ist der Auftrag Jesu an seine Jüngerinnen und Jünger, den Matthäus am Ende seines Evangeliums überliefert hat.

Auch Jesus hat sich taufen lassen, bevor er sich auf den Weg zu den Menschen gemacht hat. Matthäus erzählt, wie es begonnen hat.

Am Jordan lebte Johannes, dem die Menschen den Beinamen Täufer gegeben hatten. Er zog über das Land und erzählte von seinem Auftrag: »Ich bin gerufen, euch Menschen zu Gott zu rufen. Gott kommt, Gott kommt bald! Lasst euch taufen, die Taufe ist das Zeichen eurer Umkehr. Alles, was euch von Gott trennt, in der Taufe soll es abgewaschen sein.«

Als Zeichen dafür, dass sie zu Gott gehören, holte er sie zu sich in das Jordanwasser. Bis zum Bauch standen die Menschen im Wasser. Und Johannes tauchte sie einmal ganz unter, und dann half er ihnen aus dem Wasser heraus. »So will es Gott«, sagte er, »euer altes Leben, alles, was ihr falsch gemacht habt, alle eure Gedanken, alles, was ihr getan habt, damit Gott weit weg war von euch, das ist nun abgewaschen. Es fließt dahin wie das

Jordanwasser. Jetzt fängt ein neues Leben an. Gott ist ganz nahe. Er wird bald kommen.«

Viele Menschen kamen zu Johannes dem Täufer, sie wollten auch neu anfangen, sie wollten auch, dass Gott ihnen ganz nahe ist. Und sie ließen sich von ihm taufen.

Auch Jesus aus Nazareth kam an den Jordan. Und als Johannes wieder sagte: »Kommt, lasst euch taufen! Es ist das Zeichen, dass ihr nun zu Gott gehört und ganz für ihn da sein wollt.« Da stieg Jesus zu Johannes ins Wasser. Der hatte von Jesus gehört. Er wusste, dass Gott mit ihm Großes vorhat. Und er sagte: »Jesus, dich kann ich nicht taufen, du bist größer als ich. Gott hat Besonderes mit dir vor. Ich bin nur der, der den Weg bereitmacht für Gott, du bist aber dieser Weg zu Gott. Wie kann ich dich also taufen?« Jesus sagte: »Es ist dein Auftrag, du musst es tun. Taufe mich, denn so will es Gott. So nahe möchte Gott den Menschen sein, ein Mensch, wie du und ich. Es ist gut so. Gott möchte, dass alle zu ihm gehören.« Johannes fasste Jesus bei den Schultern und tauchte ihn tief in das fließende Wasser.

Als Jesus aus dem Wasser an das Ufer stieg, brach die Sonne durch die Wolken, es wurde hell. Und alle, die dabei waren, sahen es: Gottes Geist war in dem Licht vom Himmel, wie eine Taube, die zu Jesus hinabflog. Und eine Stimme war da: »Jesus, du bist mein Sohn, ich habe dich lieb! Geh zu den Menschen und trage meine Liebe zu ihnen.«

Was hatte Jesus gesagt, als er Johannes aufforderte, ihn zu taufen? Es geht darum, dass Gottes Gerechtigkeit erfüllt wird. Wie meint Matthäus das? Mit der Taufe Jesu hat etwas ganz Neues begonnen. Alle Menschen, ohne Unterschied von Alter, von Rasse, von Herkunft, ob Mann oder Frau, ob groß oder klein, ob krank oder gesund, alle sollen zu Gott gehören. Jeden Einzelnen von ihnen ruft er mit Namen. Matthäus erinnert an die alten Worte des Propheten Jesaja. Gott hat Jesus auserwählt, weil er einen neuen Bund mit den Menschen schließen möchte. Jesus ist das Licht der Welt, das Licht der Welt für alle Menschen. Johannes hat gesagt: »Ihr seid getauft, nun müsst ihr Gutes tun, damit ihr zu Gott gehört.«

Doch nun gilt etwas Neues. Gott lädt alle Menschen ohne Unterschied zu sich ein: »Lasst es einfach gelten, nicht ihr könnt den Weg zu mir finden, ich habe schon längst zu euch gefunden, seht meinen Sohn in eurer Mitte!«

Matthäus 3i.A.

Impuls zur Weiterarbeit

Das Thema Taufe kann durch die Geschichte »Wasser ist Leben«,
S. 65, vertieft werden. Dort finden sich weitere Anregungen.

Jesus beginnt in Nazareth

Am Sabbat kommt Jesus in die Synagoge von Nazareth. Er steht auf und
erbittet die Schriftrolle, um das Prophetenwort vorzutragen. Als er die Rolle des Propheten Jesaja geöffnet hat, liest er daraus:
»Gott ist mit mir. Er hat mich erwählt. Ich bringe den Armen die frohe Botschaft. Ich bin gekommen, um den Gefangenen zu sagen: Ihr sollt frei
sein! Den Blinden sage ich: Ihr sollt sehen! Den Geschundenen sage ich:
Ihr sollt heil werden und in Frieden leben! Gottes Reich des Friedens
bricht an!«
Alle schauen ihn an, als er dem Diener die Rolle reicht und sich setzt.
Dann sagt er ihnen: »Gott hat dieses Wort vor euren Augen erfüllt! Ihr werdet es mit eigenen Augen sehen.«
Die Menschen in der Synagoge schauen sich fragend an. »Seine Worte tun
gut, aber ist er nicht einer von uns, Jesus, der Sohn des Zimmermanns?«
Ganz neu ist das, was Jesus da sagt im Namen Gottes. Das wird die Welt
verändern. Von dieser Hoffnung leben wir bis auf den heutigen Tag. Jesus
macht uns Mut. Findet euch nicht ab mit dem Unrecht. Folgt den Spuren,
die ich euch vorangegangen bin! Wo Menschen in der Kraft Gottes Gerechtigkeit und Frieden einklagen und danach handeln, da kann sich die
Welt verändern. Und das ist lebenswichtig für alle Menschen, die in Ar-
mut, Ungerechtigkeit und Unfrieden gefangen sind.

Lukas 4,16-21

28

Jesus und Simon werden Freunde

Lukas erzählt uns von dem Fischer Simon und seiner ersten Begegnung
mit Jesus von Nazareth. Das war in Galiläa, jener Provinz am Rande des
römischen Reiches. Am Rande lag es und fast ein wenig vergessen; so
fühlten sich auch die Menschen dort. Sie waren verarmt, und sie hatten
die Hoffnung auf eine lebenswerte Zukunft schon fast verloren.

Dann kam eines Tages ein Mann zu ihnen, der so ganz anders war, obwohl
auch er ein Landsmann von ihnen war. Es war Jesus, damals noch unbekannt, aber ein Mensch, der Hoffnung und Lebensfreude ausstrahlte, sodass
er die Menschen anzog. Seine Worte taten der Seele gut. Bei ihm spürten die
Menschen: Was er zu sagen hat, das kann auch mir neue Hoffnung geben.

Eines Morgens waren so viele Menschen zu Jesus gekommen, dass er ein
wenig Abstand brauchte, um zu ihnen zu sprechen.

Er stieg in eines der Boote am Ufer. Das gehörte Simon, einem der Fischer.
Der schaute zunächst nur müde von seiner Arbeit hoch. Er war dabei, die
Netze nach der Ausfahrt der letzten Nacht zu reinigen und zu ordnen. Eine
trostlose Arbeit, wenn man die ganze Nacht nichts gefangen hat und nun die
Algen und der Schlick das Einzige sind, was im Netz hängen geblieben ist.

Nur kurz hebt Simon den Kopf, rudert ein paar Schläge auf das Wasser hinaus und fährt mit seiner Arbeit fort. Doch nach und nach dringen auch
einige Worte Jesu durch seine trüben Gedanken hindurch. »Gebt eure
Hoffnung nicht auf! Gott ist schon ganz nah! Aus einem winzigen Senfkorn, das vom Wind verweht ist, wird ein großer Baum wachsen. Habt Vertrauen, ihr Leute in Galiläa, Gott hat euch nicht vergessen.«

Aber Simon fällt es schwer, den Worten Jesu zu folgen. Immer wieder steigen die alten Sorgen hoch: »Wie soll ich meine Familie ernähren, wenn
meine Arbeit keinen Ertrag mehr bringt? Ob dieser Jesus auch darauf eine
Antwort hat?« Und doch, er hört gerne zu, er kann sich der freundlichen
Art dieses Menschen nicht entziehen.

Als Jesus seine Rede beendet hat, setzt er sich Simon gegenüber und
schaut ihn lange an. Und dann spricht er ihn an: »Fahr noch einmal hinaus und wirf deine Netze aus!« Man stelle sich das vor: Simon soll mitten
am Tag auf den See hinaus und einen Fang tun! Und das vor aller Augen!
Da ist es nur verständlich, dass Simon ein wenig gequält auf den Fremden

in seinem Boot schaut. Doch der bleibt beharrlich. »Rabbi«, legt Simon da los, »weißt du, was du da verlangst? Die ganze Nacht über haben meine Freunde und ich diesen See durchfischt, nicht für eine Sesterze habe ich etwas gefangen.« Simon klagt ihm erst einmal sein ganzes Leid.

Doch dann richtet er sich auf einmal auf und sagt : »Ich habe nicht viel von dem behalten, was du gesagt hast. Aber was ich behalten habe, das hat mir gut getan. Ich habe nichts zu verlieren. Auf dein Wort, ich werde es versuchen!« Er fasst die Ruder und mit mächtigen Schlägen steuert er auf den offenen See hinaus. Die Netze, die er gerade für die Nacht gerichtet hatte, werden ins Wasser gelassen.

Es war der erfolgreichste Tag im Leben des Fischers Simon. Der Fang war überwältigend. Die Netze drohten zu zerreißen. Nur mit Hilfe seiner Freunde konnte er den Fang an Bord hieven.

Als Simon diese Fülle sah, fiel er vor Jesus auf die Füße: »Geh weg von mir, ich bin ein sündiger Mensch!« Er konnte nicht begreifen, was hier geschah. »Ich kann mit diesem Jesus nicht in einem Boot sein! Zu nahe kommt mir da Gott, das bin ich nicht wert.«

Jesus aber steht auf, nimmt ihn bei der Hand und richtet ihn auf. »Fürchte dich nicht! Was du hier erlebst, ist wunderbar. Überall dort, wo Menschen auf Gott vertrauen, kann so etwas geschehen. Simon Petrus, ich brauche dich! Komm mit mir! Von nun an wirst du Menschen für Gott gewinnen.«

Dies ist der Anfang der Geschichte von Simon Petrus am Ufer des See Genezareth. Simon, der Fischer, hat von Jesus einen neuen Namen bekommen: Petrus, der Fels.

Lukas 5,1-11

Impuls zur Weiterarbeit

Kreative Vertiefung und Darstellung der Geschichten mit Schablonendruck

Für diese und die folgenden Geschichten aus Lukas 5 eignet sich besonders die folgende Methode, bei der langsam Bild um Bild mit dem Fortlauf der Handlung wächst. Sie kann übrigens sowohl für das anschauliche Erzählen als auch für das Nachgestalten der

Kinder eingesetzt werden. Dabei entstehen erstaunliche Kunstwerke.

Zum Ablauf der Arbeit mit den Kindern:
Zunächst einigt sich eine Gruppe von drei bis vier Kindern auf ihre Szene in der Geschichte. Die dafür erforderlichen einzelnen Personen und die Kulissen werden aus dem ausgelegten Material in Umrissen ausgeschnitten.

Material: Wachsmalblöcke (Wachsmaler in der Größe und Form einer Streichholzschachtel);

weißes Papier, am besten Durchschlagpapier zum Drucken;

starkes Tonpapier, Plakatkarton (Reste), Strukturpapier und alte Tapetenmusterbücher für das Reißen und Ausschneiden der Formen;

stärkerer Karton (DIN A4) als Druckstock;

Scheren und Klebstoff.

Die Größe des Druckpapiers richtet sich dabei nach der Unterlage, auf die alles geklebt wird, für den Anfang empfiehlt sich die Größe DIN A4. Die ausgeschnittenen Teile werden dann auf der Unterlage angeordnet und angeklebt. Der Druckstock ist fertig.

Nun kommt der eigentliche Druckvorgang. Über die Vorlage wird ein Papier gelegt, das zwei Kinder an den Rändern auf der Unterlage festhalten. Das erste Kind streicht nun mit der flachen Seite eines Wachsmalblockes großflächig über das Papier. Die ersten Konturen erscheinen und werden mit weiteren Farben verstärkt. Jedes Kind kann so auf einer gemeinsam erarbeiteten Unterlage sein eigenes Bild gestalten.

Jüngere Kinder können die Druckvorlagen der älteren übernehmen und ein eigenes Bild drucken.

Doch nun fängt das eigentliche Experimentieren erst an. Durch leichtes Verschieben des Papiers können mit verschiedenen Farben reizvolle Schatteneffekte erzielt werden. Mit einiger Übung brauchen die ausgeschnittenen Kartonteile nicht mehr aufgeklebt zu werden. Sie können dann verschoben werden und zu neuen Szenen zusammengesetzt werden.

Aus einer Person kann durch Verschieben auf der Unterlage eine ganze Gruppe werden, ein Haus wird zur Häusergruppe, einige Fische zum großen Schwarm.

Darüber hinaus ist diese Methode geeignet, während des Erzählens Bilder zu gestalten und die wunderbaren Veränderungen vor Augen zu führen: Als zusätzliches Material braucht man eine rutschfeste Schreibtischunterlage. Auf diese Unterlage legt man die aus Tonpapier ausgeschnittenen Schablonen bereit: Die Personen der Geschichte, evtl. in verschiedenen Gesten und Gebärden, dazu Kulissen wie Häuser und Bäume.

Für das erste Bild werden alle nötigen Schablonen auf der Unterlage angeordnet. Dann wird ein weißes Papier darüber gelegt. Mit den Wachsmalblöcken werden dann die Stellen des Papiers flächig überstrichen. Durch verschiedene Farben werden die einzelnen Personen gekennzeichnet.

Im Folgenden werden Erzählschritte zur vorhergehenden Erzählung beschrieben.

Vorbereitung: Ausgeschnitten liegen bereit: eine Petrusfigur, eine Jesusfigur, ein Boot, ein Netz, eine Menschengruppe am Ufer, viele kleine Fische

– Petrus im Boot, das Netz im Wasser (ohne Fische)
  Es ist Nacht. Mit dem schwarzen Block abgerubbelt, stellt sich der erfolglose Fang des Petrus dar.
– Jesus kommt in das Boot des Petrus. Die Menschen am Ufer hören zu. Die Farben werden heller.
– Petrus wirft, auf Jesu Aufforderung hin, das Netz noch einmal aus. Viele Fische sind im Netz. Ein farbenfrohes Bild vom wunderbaren Fischzug entsteht.

Jesus sagt, du gehörst dazu!

In den Städten von Galiläa war in diesen Tagen häufig die Rede von wunderbaren Veränderungen. Überall hatte es sich herumgesprochen: Da war einer mit Namen Jesus, der redete in einer Weise von Gott, dass Menschen alles hinter sich ließen und ihm folgten.

In einer dieser Städte lebte ein Mann, der sich seit einiger Zeit mit einer gemeinen Krankheit quälte. Am ganzen Körper hatte er einen Ausschlag. Das hatte ganz klein angefangen, an den Händen und an den Augen. Bald aber war der ganze Körper mit einem schuppigen Ausschlag bedeckt. Er mochte sich nicht mehr leiden in seiner Haut und konnte doch gar nichts dagegen tun. Das ständige Jucken brachte ihn manchmal fast um den Verstand. Und oft dachte er, das ist ja wirklich zum aus der Haut fahren!

Nur noch selten wagte er sich auf die Straße hinaus. Und wenn er hinausging, verhüllte er sich völlig. Die Menschen machten einen Bogen um ihn. Niemand mochte ihm zu nahe kommen. Ihm selbst war das nur recht, denn er traute sich selbst nichts mehr zu. Und so huschte er gebeugt durch die Gassen und vermied jeden Blick. Selbst den Kindern wurde er auf diese Weise unheimlich. Und die kleinen versteckten sich schnell hinter den Gewändern der Eltern, wenn er auftauchte.

Aussatz nannten die Menschen in der Stadt seine Krankheit. Und so lebte er auch, wie ausgesetzt, ausgeschlossen aus der Gemeinschaft. Der Aussätzige wurde er genannt, allein und ohne Hoffnung auf Heilung.

Ohne Hoffnung? Manchmal, wenn die Schmerzen auf der Haut nicht ganz so stark waren, dann war da noch ein kleines Fünkchen Hoffnung in ihm. Und an einem solchen Tag hörte er von fern Gespräche über einen Jesus aus Nazareth. Der hatte wohl in der Synagoge dort einen Abschnitt aus der Rolle des Propheten Jesaja gelesen. Aber, unerhört, er hatte danach das Wort ergriffen und etwas gesagt, das noch nie ausgesprochen worden war: Heute ist dieses Wort erfüllt vor euren Ohren. Was der Prophet Jesaja euch versprochen hat, wird Gott nun erfüllen! Blinde werden sehen, Menschen, die von Krankheit gefesselt sind, werden wieder frei und glücklich leben! Unerhört, was der sagt, dachte dieser Mann unter seiner Verhüllung. Und dann, als er zu Hause war, dachte er über alles noch einmal nach: Sollte es so sein, wie dieser Jesus gesagt hat? Will Gott auch mit mir noch etwas zu schaffen haben?

Eines Tages geschah es: Jesus kam in diese Stadt. Und es sprach sich herum in den Gassen, auch der Aussätzige hörte davon.

Und er machte sich auf den Weg; vorsichtig erst, aber dann mit immer festerem Schritt, bis er zu Jesus kam. Die Leute wichen erschrocken, ja auch ein wenig angewidert zurück.

Der Aussätzige warf sich vor Jesus nieder. Er schrie mehr, als dass er sprach:
»Herr, wenn du willst, kannst du mich von meiner Krankheit befreien!«
Und dann geschah, was er kaum zu hoffen wagte:
Jesus rührte ihn, den Unberührbaren, an.
Seit wann war er nicht mehr angefasst worden? Dieser Jesus hat den Mut
und ergreift ihn bei der Hand. »Ja, ich will tun, was du von mir erbittest.
Du sollst befreit sein von deiner Krankheit!«
Und der Aussätzige stand auf, nahm sein Tuch vom Gesicht und spürte:
Alles, was mich quält, fällt von mir ab.
»Rede mit niemand darüber!«, sagte Jesus zu ihm. »Aber gehe zuerst zum
Priester und lasse es dir bestätigen: Du bist gesund, du gehörst dazu. Und
dann bringe Gott deinen Dank, so wie Mose es uns geboten hat. Denn Gott
hat dich wieder zum Leben inmitten deiner Stadt befreit.«
Eine solche wunderbare Veränderung blieb natürlich nicht verborgen.
Viele andere Kranke fanden Mut, zu Jesus zu kommen. Und es wird von
weiteren Menschen berichtet, die zu Jesus kamen und von ihren Krank-
heiten befreit wurden.
Jesus aber ging aus der Stadt hinaus in die Einsamkeit, um zu beten.

Lukas 5,12-16

Impuls zur Weiterarbeit

Diese Geschichte ist zusammen mit der vorhergehenden und den
beiden folgenden ein Beispiel für das Selbstverständnis Jesu, wie
es in der Geschichte »Jesus beginnt in Nazareth«, S. 28, erzählt
wird. Als kreative Methode eignet sich der Vorschlag von S. 30.

Die Heilung des gelähmten Mannes

Joel lebt mit seinen Brüdern in einer Stadt in Galiläa. Es ist noch früh am
Morgen, als er aus dem Haus auf die Straße tritt. Er streckt erst einmal sei-
ne Glieder. »Das tut gut! Ein schöner Tag ist das heute.«
Mit wachen Augen schaut er dem Treiben auf der Straße zu. »Heute sind die
Menschen aber früh auf den Beinen. Da kommt ja Nathan, mein Onkel.«

»Guten Morgen, Joel! Auch schon auf dem Weg zu Jesus?«

»Jesus, ist er wieder in unserer Stadt?«

»Aber ja, ich bin gerade auf dem Weg zu ihm, kommst du mit?«

»Zu Jesus?« Joel denkt an seine erste Begegnung mit Jesus vor einigen Wochen. Seitdem ist vieles in seinem Leben anders geworden. So, wie dieser Jesus von Gott spricht, das hat Joel Mut gemacht.

›Gott liebt die Menschen, alle, ganz nah will er euch sein.‹ So hat Jesus gesprochen.

»Ja, ich komme mit, aber meine Brüder möchte ich heute auch mitnehmen.«

Schon einen Augenblick später kommt er mit ihnen wieder aus dem Haus, und sie gehen los.

Ihr Weg führt sie an der Synagoge vorbei. Neben dem Eingang sitzt Levi. Joel kennt ihn. Levis Beine sind gelähmt. Ihm bleibt nur das Betteln um Almosen. Er darf nicht einmal zum Gottesdienst in die Synagoge hinein.

›Er ist mit Gott nicht im Reinen, darum hat er diese Krankheit, Gott hat ihn bestraft für seine Sünden‹, so sagen es die Leute.

Nathan greift wie gewohnt in seinen Beutel. Er will Levi ein Geldstück in die ausgestreckte Hand legen.

Aber heute zögert Nathan. ›Wie hatte Jesus gesagt? Gottes Reich hat begonnen, Lahme werden gehen, Blinde werden sehen?‹

»Wir nehmen Levi mit zu Jesus!« Entschlossen geht Natan auf Levi zu.

Joel überlegt nicht lange: »Ja, Jesus möchte, dass alle Menschen Gott nahe sind. Levi, möchtest du mit zu Jesus?«

Der zuckt mit den Achseln, aber dann lässt er sich anstecken von der Fröhlichkeit der Vier.

Er lächelt und zeigt auf seine Trage. Vorsichtig heben sie Levi darauf und tragen ihn.

Schon von weitem sehen sie das Haus, in dem Jesus zu Gast ist. Viele Menschen drängen sich vor den Türen und Fenstern.

Nathan bittet freundlich um Einlass. Aber alle sind beschäftigt damit, auch von draußen etwas zu hören. Unwirsch weisen sie ihn ab.

Was tun? Das Lächeln ist aus Levis Gesicht verschwunden.

Er denkt: »Da seht ihr es wieder, einer wie ich darf nicht zu Jesus.«

Doch Joel gibt nicht so schnell auf. Sie tragen Levi um das Haus herum.

Aber auch hier dasselbe Bild. Die Menschen drängeln sich und keiner ist bereit, ein wenig Platz zu machen.

»Da, der Aufgang!« Joels Augen leuchten auf. »Komm, wir tragen ihn auf das Dach!«

Jetzt ist er in seinem Element. »Wozu haben wir bei Vater das Dachdecken gelernt?« Die anderen Drei verstehen zwar noch nicht, aber mit vereinten Kräften schaffen sie Levi auf das Dach.

Oben angekommen sehen sie, dass Joel auch ein Seil dabei hat; aus dem Garten des Hausbesitzers hat er es mitgenommen.

Nun begreifen auch die Brüder. Mit bloßen Händen reißen sie die Ziegel zwischen zwei Dachbalken auf. Die Unruhe im Haus unten stört sie nicht. Zuerst ist es nur ein kleines Loch, doch mit geübten Griffen entsteht bald ein Schacht.

Unten ist es ganz still geworden.

Joel schlingt das Seil um die vier Enden der Trage. Auf sein Zeichen lassen sie Levi langsam hinunter. Ihm klopft das Herz.

Was wird Jesus sagen? Da treffen sich ihre Blicke.

Jesus schaut lange hinauf, freundlich. Und dann wendet er sich Levi zu: »Mein Kind, alles, was dich von Gott trennt, es ist weggewischt; deine Sünden sind dir vergeben.« Unruhe entsteht, die Gesichter der Schriftgelehrten verfinstern sich.

Undeutliches Gemurmel wird laut, der Widerspruch ist förmlich spürbar. Jesus nimmt diese Stimmung auf: »Warum machen meine Worte euer Herz eng?

Was ist leichter? Ist es leichter zu sagen, auch du gehörst zu Gott, ohne Wenn und Aber?

Oder soll ich sagen: Steh auf, nimm deine Trage und geh deinen Weg?

Ich, Jesus, der Menschensohn, von Gott gesandt, sage es: Steh auf, nimm deine Trage und geh deinen Weg.«

Der Mensch auf der Trage schaut Jesus an, fasst sich an die Beine, spürt die Kraft und vertraut ihr.

Er steht auf, langsam, ergreift seine Trage und geht durch die erschrocken zurückweichende Menge hinaus.

»Gott sei Dank!«, ruft Joel und mit ihm die anderen. Er ist außer sich.

»Jesus ist von Gott gesandt! Er bringt Gottes Liebe zu allen Menschen!« –

»Ja, und ganz besonders zu denen, die wir schon aufgegeben haben«, fügt Nathan nachdenklich hinzu.

Lukas 5,17-26

Jesus im Haus des Levi

Dieser Tag hatte für Levi schlecht begonnen. Am Zoll gab es Streit. Eine Gruppe von Kaufleuten, die sich zu den Pharisäern zählen, waren mit der Höhe des geforderten Zolls nicht einverstanden. Als Levi auf die Zahlung bestand, schimpften sie: »So ein gottloser Geselle, elender Sünder!« Diese Worte trafen Levi hart. Tief drinnen war er unsicher geworden, ob die Übernahme der Zollstation von den Römern richtig war. So sehr er es schnell zu einigem Wohlstand gebracht hatte, er zahlte einen hohen Preis. Gerade zieht eine Gruppe von Menschen aus der Stadt. Sein geschultes Auge sagt ihm, da ist nichts zu holen. Es ist Jesus, der mit einigen Männern und Frauen durch die Städte und Dörfer zieht. Levi hat erstaunliche Dinge über ihn gehört. »Der erzählt ganz anders und neu von Gott«, sagen die Leute, »von Gottes Liebe, die keine Grenzen kennt. Alle sollen dazugehören, keiner wird ausgestoßen.«
Levi schaut Jesus hinterher. Der dreht sich plötzlich um, kommt auf ihn zu und sagt: »Levi, folge mir!« Und tatsächlich, Levi steht auf, lässt die Zollstation zurück und geht an der Seite von Jesus vor die Stadt. Sie sprechen lange miteinander, und Levi lädt Jesus mit seinen Freunden in sein Haus ein.
Sofort eilt Levi nach Hause, um alles vorzubereiten. Auch seine Freunde sollen kommen, sie sollen sich mit ihm freuen. Richtig aufgeregt ist er: »Ob Jesus wirklich in mein Haus kommt? Er weiß doch, wer ich bin!«
Levi ist aufgeregt. Alles ist für das Fest bereitet. Endlich kommt Jesus mit einigen Männern und Frauen, die ihn begleiteten. Im schattigen Innenhof setzen sie sich alle um einen großen Tisch.
Nicht ohne Stolz zeigt Levi sein Haus und lässt zur Erfrischung kühles Wasser, Wein und Früchte bringen.
Inzwischen sind auch Levis Freunde eingetroffen. Zöllnerkollegen wie er, dazu einige eher ärmlich gekleidete Männer und Frauen. Beim Anblick von Jesus werden sie unsicher. Natürlich haben sie von diesem Rabbi gehört,

und sie rechnen damit, abgewiesen zu werden. »Hier geht es um Gott, da habt ihr nichts zu suchen!«, diesen Satz haben sie schon so oft gehört.

Alle Gäste sind da. Das große Fest in Levis Haus konnte beginnen.

Doch gerade, als Levi das Essen auftragen lässt, entsteht Unruhe am Eingang des Hauses. Dort stehen einige Schriftgelehrte und bei ihnen einer der Kaufleute, mit denen sich Levi morgens an der Station über die Höhe des Zolls gestritten hatte.

Levi stößt seinen Freund an: »Warum können die uns nicht in Ruhe lassen?« Die fröhliche Stimmung droht umzuschlagen, feindselige Blicke werden gewechselt. Einige Jünger stehen auf und gehen zu denen da draußen. »Warum sitzt Jesus mit diesen Sündern an einem Tisch? Weiß er nicht, was das für Leute sind?« Levi schaut ängstlich zu Jesus. »Ob Jesus jetzt geht? Im Grund haben sie ja Recht. Ich habe es wirklich nicht verdient.« Doch Jesus bleibt. Und auch die Jünger kehren an den Tisch zurück. Das Essen im Haus des Levi ist in vollem Gange. Als die meisten schon satt sind, stehen einige Jünger auf und gehen noch einmal vor das Haus. Die Schriftgelehrten und Pharisäer sind gegangen. Nur einer ist zurückgeblieben. Unbemerkt von den anderen hat er einige Jünger zu sich gewinkt. Vor dem Haus fragt er sie: »Sollte das wirklich Gottes Wille sein? Alle Menschen, Gerechte und Sünder, vereint an einem Tisch?« Die Jünger können ihm keine Antwort geben. Aber sie laden ihn ein, mit in den Hof zu kommen. Leise sprechen sie mit Jesus.

Als alle gegessen haben, steht Jesus auf und ergreift das Wort:

Ihr habt mir eine Frage gestellt, auf die ich euch mit einer Geschichte antworten möchte. Ein Gastgeber hat liebe Bekannte eingeladen. Voller Freude auf ein Wiedersehen hat er alles aufs Beste ausgerichtet. An nichts soll es fehlen. Die besten Speisen und guter Wein stehen bereit, das Haus ist geschmückt und eine festliche Tafel ist gedeckt. Kaum abwarten kann er es, doch nun ist alles fertig. Endlich schickt er seinen Knecht los. Kommt, denn es ist alles bereit! Diese gute Nachricht soll er allen geladenen Gästen überbringen. Der Gastgeber fiebert richtig dem ersten Gast entgegen. Wo sie nur bleiben? Doch, was ist das? Allein kehrt der Knecht zurück und seine Nachrichten sind schlecht. Kaum wagt er dem Gastgeber in die Augen zu schauen. Stell dir vor, sie bitten dich um Entschuldigung. Sie können nicht zu deinem Fest kommen.

Den einen traf ich beim Kauf eines Ackers. Die Verhandlungen waren wohl gerade abgeschlossen. Nun muss er ihn sich ansehen.

Und der Nächste war gerade auf dem Weg, um sein neues Gespann Ochsen in Augenschein zu nehmen. Auch die anderen hatten gewichtige Gründe. Da steht der Gastgeber nun. Alles ist bereit, aufs Beste ausgerichtet. Und nun kommt keiner, nicht ein Einziger. Und dann noch der Ruf aus der Küche: »Wir können auftragen, die Vorspeisen sind fertig!« Die Enttäuschung des Gastgebers weicht, Zorn steigt in ihm hoch.

»Geh wieder, geh auf die Straßen. Bringe sie alle mit, die du triffst. Die Armen, die Behinderten, die Blinden, die Kranken, die Gescheiterten. Wen immer du triffst, mein Haus soll voll werden.«

Nach einiger Zeit füllt sich der Hof. Unsicher schauen sich die um, die dort hineinkommen. Wer rechnet auch mit einer Einladung, wenn er täglich erfahren muss: Mit dir will keiner zu tun haben. Und nun diese Pracht, diese Fülle.

Fast außer Atem kommt auch der Knecht wieder. »Mehr konnte ich nicht einladen, aber es ist noch Platz.«

»Gut, dann gehe hinaus vor die Stadt. So viele leben da, die kein Dach über dem Kopf haben. Bringe auch sie mit. Mein Haus soll heute voll werden.«

Und dann wendet er sich an alle, die dort sitzen: arm, abgerissen, von ihrer Krankheit gezeichnet, am Leben gescheitert. Aus vielen Gesichtern leuchtet kaum noch Hoffnung.

»Ihr seid gekommen, die, die ich eingeladen habe, sind nicht gekommen. Sie haben nicht gespürt, wie wichtig mir dieses Fest ist, wie sehr ich mich auf sie gefreut habe. Seid meine Gäste, freut euch mit mir. Es ist genug für alle, ein großes Fest soll es werden.«

Lukas 5,27-32 und 14,15-24

Impuls zur Weiterabeit

Die Tischgemeinschaft Jesu mit allen Menschen kann nach dieser Geschichte als Fest gefeiert werden. Die Kinder werden an der Vorbereitung beteiligt und gestalten Einladungs- oder Tischkarten. Als Einschub eignet sich statt Lukas 14 auch »Ein Vater freut sich«, S. 42.

Bartimäus begegnet dem Licht der Welt

Markus erzählt uns vom Licht, das Jesus in die Welt bringt:
In Jericho lebt ein Mensch, der ist blind.
Blind sein und nicht sehen können, das ist schlimm. Er kann die Sonne
nicht sehen. Auch über die bunten Blumen kann er sich nicht freuen.
Wie das alles kam? Markus erzählt es nicht. Aber vielleicht war es ein
schrecklicher Unfall, der ihm das Augenlicht genommen hat.
Der Mann heißt Bartimäus. Das heißt Sohn der Unreinheit. So nennen ihn
die Leute und sagen:
Er ist blind, weil er mit Gott nicht im Reinen ist.
Bartimäus sitzt tagein tagaus am Tor. Dorthin wird er gebracht um zu betteln. Aber Bartimäus will nicht sein Leben lang blind bleiben, er will nicht
von Almosen leben. Er kann sich nicht abfinden mit der Finsternis. Er hat
noch Hoffnung, trotz allem. Worte aus den Psalmen fallen ihm ein:
Gott, dein Wort ist meines Fußes Leuchte und ein Licht auf meinem Weg.
Aber wer hat solche guten Worte für ihn?
Ob der Messias, der Sohn Davids, ihn erlösen wird, wenn er kommt? Er
erinnert sich an die alten Weissagungen: Ein Stern wird aufgehen aus Ja-
kob. Der Sohn Davids wird kommen, ein Licht für die Völker, die Augen
der Blinden wird er heilen und die in Finsternis gefangen sind, werden
das Licht sehen.
Diese Worte sind lebendig in seinem Herzen. Sie halten seine Hoffnung
wach.
Bartimäus' Hände spüren mehr als andere Hände: Er weiß wohl zu unter-
scheiden, ob sie einem Menschen gehören, der ihm gern hilft, oder ob sie
nur lästig ihre Pflicht tun.
Auf seine Ohren kann er sich ganz besonders verlassen. Er hört die Stimmen der Menschen genau. Ob sie gut zu ihm sind oder nicht. Und er hört,
wenn etwas Besonderes geschieht.
Von einem solchen Tag erzählt uns Markus.
Jesus ist in Jericho. Eine große Menschenmenge folgt ihm. Als Jesus die
Stadt verlassen will, geschieht es: Bartimäus ist schon ganz aufmerksam.
Er spürt, da kommt einer, auf den ich schon lange warte. Er hört: Jesus
von Nazareth.

»Das ist doch der, von dem viele sagen, er sei der Messias!« Bartimäus spürt die Hoffnung der Menschen um Jesus. Er hört ihre Fröhlichkeit. Und dann geht auf einmal alles ganz schnell.

In seinem Kopf dreht es sich: Jesus, der Sohn Davids – der Morgenstern, das Licht der Völker, Licht, das die Blinden von der Finsternis erlöst.

Voller Verzweiflung und voller Hoffnung schreit er: »Jesus, du Sohn Davids, hab' Erbarmen mit mir, hilf mir aus meiner Not!«

Aber da sind viele, die ihn beschimpfen: »Sei stille, das gehört sich nicht für dich!«

Doch Bartimäus schreit umso lauter, sein ganzes Elend schreit er heraus: »Du Sohn Davids, hab' Erbarmen mit mir!«

Und Jesus bleibt stehen und sagt: »Ruft ihn her zu mir.«

Einige gehen zu Bartimäus: »Bartimäus, fürchte dich nicht! Steh' auf! Jesus ruft dich!«

Und was tut Bartimäus? Er wirft seinen Mantel von sich, sein altes Leben streift er ab und steht auf. Mit vorsichtigen Schritten kommt er zu Jesus.

Jesus fragt: »Was ist es, das ich für dich tun kann?«

»Meister, mein Augenlicht, schenke es mir wieder, erlöse mich von der Finsternis!«

Da spricht Jesus zu ihm: »Geh deinen Weg, Bartimäus, dein Glaube hat dich gerettet.«

Und siehe, es geschieht, Bartimäus kann sehen. Er folgt Jesus auf seinem Weg nach Jerusalem. Er möchte bei dem bleiben, der seinem Leben Licht gegeben hat.

Markus 10,46-52

Impuls zur Weiterarbeit

Mit der auf S. 58 beschriebenen Methode »Dias bemalen« kann der Weg des Bartimäus in guter Weise Stück für Stück entwickelt werden.

Ein Vater freut sich

Ein Vater lebt mit seinen beiden Söhnen auf einem großen Hof. Der Jüngere von den beiden ist ein lebhafter Junge. Den ganzen Tag über gibt es für ihn auf dem Hof etwas zu entdecken. Und oft vernachlässigt er darüber seine Arbeit.

Dann macht sich sein Vater Gedanken über ihn: Ob er seinen Weg findet?

Der ältere Sohn ist ganz anders als sein Bruder. Er ist eher zurückhaltend, redet wenig, bleibt zu Hause und arbeitet auf den Feldern seines Vaters.

Nicht, dass er nicht auch Träume und Wünsche hat, doch er ist zufrieden mit dem Leben, so wie er es auf dem Hofe vorfindet.

Eines Tages geht der Jüngere zu seinem Vater: »Vater, gib mir das Erbteil, das mir zusteht. Ich möchte es ausbezahlt haben, denn ich will in die Welt hinausgehen.« Und es geschieht so, der Vater zahlt ihm das Erbe aus.

Der jüngere Sohn packt seine Sachen, verabschiedet sich und zieht los. Er will die Welt entdecken. Er will sein Glück finden. Und es geht ihm gut dabei. Ein Mensch wie er findet schnell Freunde. Er macht sich keine Gedanken um den nächsten Tag. Warum auch? Er hat alles, was er will: Essen und Trinken, viele Freundinnen und Freunde. Mit seinem Geld kann er sich jeden Wunsch erfüllen.

Doch mit dem Geld ist das so eine Sache. Eines Tages ist es aufgebraucht. Und dann merkt er: Schnell sind auch alle Freunde fort. Ganz still wird es um ihn. Er denkt bei sich: »Was habe ich nur gemacht? Das Erbe meines Vaters ist nicht mehr da. Meine Freunde sind weg. Ich habe nichts mehr zu trinken und zu essen. Was soll ich nur tun?« Der Hunger wird immer größer, aber niemand gibt ihm etwas zu essen. Endlich findet er Arbeit auf einem Bauernhof, als Schweinehirt. Manchmal, wenn niemand hinsieht, greift er in die Bottiche mit dem Fraß der Schweine. So groß ist sein Hunger.

Nichts mehr ist geblieben von seiner Fröhlichkeit. Immer öfter kommt ihm jetzt sein Vater in den Sinn. Aber er denkt: »Das ist nicht mehr dein Zuhause. Du selbst hast es so gewollt.« Aber der Gedanke an den Vater lässt ihn nicht los. »Dem untersten Knecht auf Vaters Hof geht es besser als mir. Ich werde zurückkehren und ihm sagen: ›Vater, nach allem, was ich getan habe: ich verdiene nicht, dass ich dein Sohn bin. Aber bitte, lass mich bei dir arbeiten.‹«

Er macht sich auf den langen Weg nach Hause. Langsam geht er, denn seine Schritte sind schwer. Immer wieder sagt er den Satz: »Ich verdiene nicht, dass ich dein Sohn bin, aber lass mich als Knecht bei dir arbeiten.« Endlich taucht in der Ferne der Hof seines Vaters auf.

Der Vater hat seinen Sohn nicht vergessen. Als er ihn von weitem sieht, läuft er ihm entgegen, fällt ihm um den Hals und küsst ihn. Lange stehen sie so da: Der alte Vater, stattlich gekleidet, und sein jüngster Sohn, abgerissen, dreckig und weinend. Nach einiger Zeit flüstert der Sohn: »Vater, meine Wege waren falsch. Ich bin nicht wert, dein Sohn genannt zu werden.« Doch was macht der Vater? Er ruft alle auf dem Hof zusammen: »Schnell, schnell! Holt Kleider und Schmuck, sorgt für meinen Sohn, steckt ihm einen Ring an und kleidet ihn wie meinen Sohn. Und ihr anderen, schlachtet das Mastkalb! Wir wollen feiern und fröhlich sein! Seht her, mein Sohn ist wieder da! Er war tot, und jetzt ist er wieder lebendig. Er war verloren und ist wieder gefunden.« Und sie feiern ein großes Fest.

Am Abend kommt der ältere Sohn von der Feldarbeit nach Hause. Schon von Ferne hört er Musik und riecht den Duft des Festessens. Er winkt einen Knecht zu sich. »Was ist hier los?« – »Stell dir vor, dein Bruder ist zurückgekehrt. Dein Vater freut sich so sehr, dass er das Mastkalb schlachten ließ. Komm hinein, das Fest ist schon in vollem Gange.«

Zornig wendet sich der Ältere ab. »Ich betrete dieses Haus nicht!« Das hört der Vater und geht hinaus zu seinem Ältesten. Der ist ärgerlich: »Jahrelang schufte ich für dich, Tag für Tag. Nie hast du für mich ein Fest ausgerichtet. Und jetzt feierst du mit diesem Nichtsnutz?« Der Vater schaut ihn an und sagt: »Mein Sohn, du bist immer bei mir. Was mir gehört, das gehört dir. Dein Bruder aber war tot, doch er ist wieder lebendig. Er ist verloren gegangen. Aber nun ist er wiedergefunden und zurückgekehrt zu mir und zu dir. Komm, lass uns feiern!«

Lukas 15,11-32

Impuls zur Weiterarbeit

Zu den einzelnen Szenen des Gleichnisses werden Standbilder gestellt, indem einzelne Kinder eingeladen werden, sich als Söhne, Vater etc. aufzustellen. Im gemeinsamen Gespräch können die verschiedenen Körperhaltungen und Gesichtsausdrücke der einzelnen Personen thematisiert werden.

Das Gleichnis Jesu vom bittenden Freund

Kann Gott uns hören, wenn wir zu ihm sprechen? Jesus macht den Menschen Mut, es zu wagen. Er sagt: Bittet Gott wie einen Freund und ihr könnt euch darauf verlassen, Gott wird es hören. Wie das geschehen kann? Dazu erzählt Jesus uns ein Gleichnis.

Ein Mensch bekommt spät am Abend Besuch. Es ist ein lieber Freund, darum freut er sich sehr über den späten Gast. Rasch bittet er ihn herein: »Nimm Platz, du wirst gewiss Hunger haben! Aber, oh Schreck, das Brot ist schon aufgegessen, es ist kein Bissen mehr im Haus. Und neues Brot bekomme ich erst morgen Früh. Aber, ich weiß, was ich tue, ich gehe zu meinem Nachbarn. Er ist ein guter Freund von mir, er wird mir etwas von seinem Brot für dich geben.«

So macht er sich auf den Weg, es ist schon fast Mitternacht. Im Hause des Nachbarn ist schon alles dunkel. Vorsichtig klopft er an die Tür. Niemand hört ihn.

Er klopft ein wenig lauter: »Ob er schon schläft? Er muss mich doch hören! Ich brauche das Brot, unbedingt!«

Gerade will er mit beiden Fäusten gegen die Tür trommeln, – da endlich hört er die Stimme des Freundes, und sie klingt ärgerlich: »Wer ist da? Wer stört mich mitten in der Nacht?«

»Ich bin es, dein Nachbar! Mach auf, es ist dringend!«

»Sag mal, weiß du nicht , wie spät es ist?«

»Doch, aber lass mich erklären: Ein guter alter Freund ist zu mir gekommen. Und ich habe keinen Bissen Brot mehr im Haus! Bitte, hast du noch Brot, das ich ihm geben kann?«

»Wie stellst du dir das vor? Ich kann jetzt nicht aufstehen.«

Aber der Freund lässt nicht locker. »Bitte, mach endlich auf!«

»Still, du weckst mir noch das ganze Haus auf mit deinem Krach. Meine Kinder schlafen schon! Alles ist verriegelt.«

»Bitte, nur ein Stück für meinen Freund.«

»Guter Mann, ich merke, du bleibst hartnäckig. Du sollst dein Brot bekommen! Bevor hier alles aufwacht.«

Vorsichtig werden von innen die Riegel geöffnet. Aus dem dunklen Türspalt streckt sich eine Hand und reicht das ersehnte Brot hinaus.

»Danke, vielen Dank!« Der Freund kehrt fröhlich zurück. Er ist glücklich. Nun kann er seinem Freund zu essen geben. Das Bitten und Klopfen hat sich gelohnt.

So könnt ihr es auch machen, sagt Jesus: Bittet, so wird euch gegeben, suchet, so werdet ihr finden, klopfet an, so wird euch aufgetan. Denn wer da bittet, der empfängt; und wer da sucht, der findet, und wer da anklopft, dem wird aufgetan.

Lukas 11,5-9

Impuls zur Weiterarbeit

Rollenspiel

Die Handlung des Gleichnisses reizt zum spielenden Miterleben der Situation vor und hinter der Tür. Zwei Gruppen werden gebildet, die jeweils auf das Spielen der Geschichte vorbereitet werden.

Einführung in der *ersten* Gruppe
Erzählung aus der Sicht der Hauptperson erzählt.
(siehe dazu den Erzählvorschlag):
Der unerwartete Besuch;
sein Wunsch, den Freund angemessen bewirten zu können;
sein zaghaftes, später unverschämtes Klopfen
und sein Vorhaben: »Ich brauche das Brot unbedingt!«

Einführung in der *zweiten* Gruppe:
Erzählung des Gleichnisses aus der Sicht des Freundes im Haus:
Er genießt die Ruhe, die Kinder und die Tiere schlafen.
Die Tür ist verriegelt.
Und dann: »Wer stört noch so spät?«
Am liebsten würde er das erste Klopfen überhören.
»Schließlich habe ich ein Recht auf meine Ruhe.«
Doch der da draußen ist hartnäckig.
»Wer ist da?« Jetzt platzt ihm fast der Kragen,
unwirsch weist er den Klopfenden ab:

»Geh' und lass mich in Ruhe! Ich kann jetzt nicht aufstehen und dir
helfen« – Aber der geht nicht!

Da denkt er sich: »Bevor alle aufwachen, gebe ich ihm lieber das
Brot.«

Wie wird er dem Freund an der Tür begegnen?

Kann er sich in dieser Situation in die Lage seines Freundes vor der
Tür versetzen?

Die Rollen werden verteilt und das Spiel vor und hinter der Tür
kann beginnen.

Nach dem Spiel ist es wichtig, die Spielerinnen und Spieler wieder
aus ihren Rollen aussteigen zu lassen. Sie sollten beim anschlie-
ßenden Gespräch zuerst Gelegenheit haben, über ihr Erleben zu
sprechen.

Die anderen steigen dann in das Gespräch ein.

Mögliche Fragen für das Gespräch:
- Welche Rolle im Gleichnis war leichter zu spielen?
- Mit welcher Rolle habe ich mich als Beobachter verbunden ge-
  fühlt?
- Wie habe ich die »andere Seite« erlebt?
- »Bittet, so wird euch gegeben ...« Welche Bedeutung hat für
  mich der letzte Vers bekommen?

3. *Wird das gut ausgehen?*

Geschichten von Passion und Ostern

Die einleitende Frage dieses Kapitels weist auf ein Grunddilemma der folgenden Texte: Zunächst sind sie Grundbestand der Erzähltradition der ersten Gemeinden gewesen, um die herum sich die anderen Erzählungen aus dem Leben Jesu zugeordnet haben. Zum anderen aber sind sie im Blick auf die Kinder höchst umstritten: Können wir ihnen wirklich die Grausamkeit zumuten, mit der Jesus konsequent in den Tod ging?

Die Entscheidung für die ausführliche Aufnahme der Passionsgeschichten hat zwei Gründe. Erstens haben Kinder heute mannigfachen Zugang zu schrecklichen Berichten über Gräueltaten, meist ohne die Möglichkeit, sich darüber auszutauschen, oft bleiben sie mit diesen Erfahrungen allein. Im Erzählen der Geschichten des Leidens Jesu werden solche Erfahrungen zur Sprache gebracht und können in guter Weise bearbeitet werden. Zweitens sind die folgenden Texte von Ostern her erzählt. Sie sind schon in den ersten Gemeinden von den Erfahrungen der Menschen von Ostern her erzählt und aufgeschrieben worden. Auf diese Weise erschließen sie sich gerade in ihrer tröstenden Bedeutung für die Kinder angesichts so vieler anderer Geschichten, die eben nicht gut ausgegangen sind. Am Ende steht das Vertrauen darauf, dass Gott mit der Auferweckung Jesu von den Toten dem Tod die Macht genommen hat und damit sich deutlich auf die Seite aller Menschen stellt, die von Leid und Tod betroffen sind.

In meinem Leiden, verschuldet oder unverschuldet, bin ich nicht allein, diese Botschaft trägt sich durch die Erzählungen vom Leiden Jesu durch. Dabei haben die Evangelien durchaus ihre eigenen Perspektiven, die zu beachten sich lohnt.

Die dem Text des Lukas folgende Erzählung der Maria aus Magdala bringt die Perspektive der Menschen, und da besonders der Frauen ein, die Jesus auf seinem Weg nach Golgatha begleitet haben. Aus der Rückschau, also von Ostern her, erzählt sie ihrer Gemeinde, was in Jerusalem geschah. In scheinbar aussichtsloser Situation ist Jesus der Handelnde, der Freiräume zum Leben eröffnet, auch für die Kinder unserer Zeit.

Maria aus Magdala erzählt – Passions- und Ostergeschichten von Lukas

Frauen folgen Jesus

Andreas, der Gastgeber, hat die kleine Gemeinde der Christen von Joppe am Sonnabend zu sich in sein Haus eingeladen. Miteinander wollen sie das Mahl feiern, wie sie es von Jesus Christus gelernt hatten. Sie wollen Kraft schöpfen für ihre Arbeit, sich freuen, dass er auferstanden und bei ihnen ist. Die Männer haben es sich am Tisch bequem gemacht und blicken auf eine reich gedeckte Tafel. Nur, an Maria und Susanna, ihre Freundin, die zu Besuch gekommen ist, haben sie nicht gedacht.
»Was fällt euch eigentlich ein!« Maria ist außer sich.
Maria von Magdala war vor einigen Wochen aus Jerusalem gekommen. Sie gehörte zu den Frauen, die mit Jesus gegangen waren. Hier in Joppe hatte sie schnell Aufnahme in der Gemeinde gefunden. Sie war ein gern gesehener Gast und fehlte bei keinem Fest. Manchmal allerdings war es besonders für die Männer schwer, ihre direkte Art zu ertragen.
»Da habe ich doch tatsächlich geglaubt, ihr hättet es endlich begriffen. Es gibt keinen Rangunterschied mehr. Mann oder Frau, bei uns gelten alle gleich. Wir gehören zur Gemeinde von Jesus. Er ist unser Bruder und der einzige Herr.« Sie schaut sich in der Runde um. »Einige von euch waren doch auch mit Jesus gegangen. Damals brauchte ich nicht um meinen Platz an seiner Seite kämpfen. Und jetzt? Die Männer sitzen am Tisch und die Frauen bedienen. Nein, so kann das mit dem neuen Leben doch nicht gemeint sein!«
»Aber du kannst doch nicht alles auf den Kopf stellen, Maria«, meldet sich Andreas zu Wort, »entschuldige bitte, dass wir Susanna und dich vergaßen.«

Verlegen rückt Johannes und fordert die anderen auf, das Gleiche zu tun.

»Weißt du noch, Andreas, als wir mit Jesus bei Simon zu Gast waren?«

»Ja, das war ein angesehener Mann, und er war Jesus und uns wohl gesonnen. Damals saßen da nur Männer, das war eben so üblich. So sind wir doch alle aufgewachsen.«

Susanna schaut sich um: »Erzählt weiter, da war doch etwas?« Erwartungsvoll schaut sie in die Runde, aber keiner will heraus mit der Sprache.

»Also, bevor da wieder falsche Dinge in Umlauf kommen, will ich dir erzählen, was geschah.« Maria setzt sich hin. »Die Geschichte passt gut, da hast du Recht, Andreas.

Damals war alles noch ganz neu für mich. Ich kannte Jesus erst ein paar Wochen. Und doch, ich habe es dir schon erzählt, Susanna, mein Leben war anders geworden.

Ich freute mich auf jeden neuen Tag, auf die Gespräche mit Jesus. Auch wenn er jetzt in trauter Männerrunde bei Simon zu Gast war. Ich hatte Simons Frau einige Tage vorher kennen gelernt. Sie hatte mein Angebot, ihr zu helfen, gern angenommen. Und so war ich zum Brunnen gegangen, um Wasser zu holen. In der Glut der Mittagshitze war ich allein. Nur eine andere Frau war da noch, sie schaute gleich weg, als unsere Blicke sich trafen. Eine hübsche Frau war das, mir fiel nur ihr trauriger Blick auf. Als ich den Krug mit dem Wasser im Hof abgestellt hatte, stand sie mir plötzlich gegenüber. Schnell huschte sie an mir vorbei, geradewegs auf die fröhliche Tischrunde der Männer zu. Sie stellte sich hinter Jesus.

Auf einmal wurde es ganz still. Mit einem Griff holte sie unter ihrem Gewand eine kleine Karaffe hervor. Ein Ruck, und der Verschluss des Glases brach auf.

Was wird sie tun? Ehe ich mich versah, goss sie Jesus den Inhalt über sein Haupt. Ein seltener Duft verbreitete sich im Raum. Nardenöl, Salböl der wertvollsten Art, nur einmal durfte ich als kleines Kind an einer solchen Flasche auf dem Markt riechen.

Wie für einen König, schoss es mir durch den Kopf. Die Frau stand da und schaute mit ihren traurigen Augen Jesus an. Einige der Männer hatten ihre Sprache wiedergefunden und schimpften: Welch eine Verschwendung. Das Jahreseinkommen eines Tagelöhners! Wie vielen Armen hätten wir damit helfen können!

Die Frau drehte sich um und wollte gehen, da stand Jesus auf und nahm ihre Hände. Er nahm die Hände der Frau und drückte sie ganz fest. Gehe in Frieden, du hast getan, was du tun konntest. Dann wandte er sich an die Jünger: Arme Menschen werdet ihr alle Zeit bei euch haben, aber ich muss von euch gehen. Lange schaute er dieser Frau nach, die ihn gesalbt hatte wie einen König. Welcher Mut und welche Vorahnung!

In den nächsten Tagen kam Jesus noch oft auf diese Begebenheit zu sprechen. »Wenn ihr später von mir erzählt, sorgt dafür, dass diese Frau nicht in Vergessenheit gerät.«

Maria schaut sich um, Susanna lacht ihr zu: »Deine Geschichte hat mir gut gefallen, das war eine gute Einleitung zu unserem gemeinsamen Mahl. Nun sprich du auch das Dankgebet, Maria, wir wollen miteinander essen und fröhlich sein.«

Lukas 8,1-3 u. 7,36-50

Auf dem Weg nach Jerusalem

Es ist eine fröhliche Tischrunde, in der Maria und Susanna im Hause des Andreas sitzen. Männer und Frauen feiern gemeinsam, das ist auch in der Gemeinde der ersten Christen noch ungewöhnlich. Vielen fällt das schwer, aber Maria aus Magdala ist hartnäckig. »Ich kann doch nicht so tun, als wäre nach dem Tod von Jesus wieder alles so wie vorher! Mein Leben ist ein anderes geworden, seit ich ihm begegnet bin. Ich erinnere mich noch an jenen Tag. Es war heiß. Um die Mittagsstunde hatte ich kein Wasser mehr im Haus. Zu dieser Tageszeit konnte ich gut zum Brunnen gehen, niemand sonst war dort, denn alle ruhten im Schatten aus. Ich wollte keinen Menschen sehen. Der Weg war beschwerlich. Am Brunnen setzte ich mich und ruhte ein wenig aus, nachdem ich den Krug voll Wasser geschöpft hatte. Auf einmal stand mir ein fremder Mann gegenüber. Er schaute mich an, dann reichte er mir die Hände und richtete mich auf. Ich wusste nicht wie, wir kamen miteinander ins Gespräch. Er begleitete mich auf meinen Weg in das Dorf. Und ich lud ihn schließlich zu mir in mein Haus, dort war es kühl, und wir konnten weiter miteinander reden. D. h., geredet habe ich, und er hörte mir zu. Im Dorf hatten wir einige Freunde von ihm getroffen, auch sie lud ich ein in mein Haus.

Das war jener Tag, an dem ich Jesus von Nazareth traf. Ich sah ihn dann öfter. Anfangs hatte ich Schwierigkeiten mit den Männern in seiner Umgebung. Ihnen war meine Gegenwart nicht recht. Aber Jesus hatte nichts dagegen, es waren auch noch andere Frauen außer mir da. Sie nahmen unser Geld, sie waren nämlich auf Unterstützung angewiesen, und ich konnte ihnen da gut helfen.

Mein Leben hatte wieder einen Sinn nach den vielen Enttäuschungen, die ich hinter mir hatte.«

Gerade will Susanna etwas fragen, da stürmen ein paar Kinder in den Hof. Sie haben Hunger und hoffen, etwas Gutes abzubekommen.

Andreas steht auf und versucht, sie mit wedelnden Armen zu verscheuchen. »Was fällt euch ein ...«- aber Maria fällt ihm ins Wort. »Lass die Kinder, Andreas, freue dich lieber an ihrer Lebendigkeit!«

Die Kinder haben sich bis an den Tisch herangewagt. Als Andreas sich setzt, nehmen sie das als ein gutes Zeichen und greifen zu. Verschmitzt schauen sie sich an, während sie sich die Backen voll stopfen.

Einige Männer schauen sich Hilfe suchend an. Man merkt, dass ihnen das gar nicht recht ist.

Maria sieht die finsteren Mienen: »Da braucht nur mal was Unerwartetes passieren, schon seid ihr verwirrt. Wie damals in Bethanien. Wir waren eine halbe Tagesreise vor Jerusalem. Jesus hatte zwei Jünger vorausgeschickt. Er hatte ihnen genau beschrieben, wo sie ein Lasttier finden würden. Ich glaube, die beiden wussten selbst nicht, was Jesus mit diesem Tier vorhatte.

Als wir Jerusalem von weitem sahen, kamen die beiden mit einem Esel zu uns zurück. Jesus setzte sich auf den Esel und ritt die Straße zur Stadt hinauf durch das Tor. In Jerusalem warteten viele Menschen auf Jesus. Als sie ihn so in die Stadt reiten sahen, legten sie die Straße zum Zeichen ihrer Verehrung mit Kleidern und Palmwedeln aus. Sie hofften darauf, dass Jesus wie ein König herrschen könnte, der Recht und Gerechtigkeit für alle Menschen bringt. Viele Frauen habe ich an den Straßen gesehen. Die Stimmung war ausgelassen, ein richtiges Fest. Die Leute sangen und tanzten. Mir fiel Miriam ein, wie sie die Trommel schlug und tanzte. Jesus kommt nach Jerusalem, jetzt wird etwas geschehen!«

»Du erzählst, als ob Jesus wie ein König in die Stadt geritten kommt. Aber ein König, der kommt doch mit großem Heer und hoch zu Pferd, mit reich bestickten Gewändern und einer Krone mit vielen Edelsteinen!«, fällt ihr eines der Kinder ins Wort.

»Vielleicht war die Stimmung gerade deswegen so ausgelassen. So einen König hatten sich viele Menschen in Jerusalem auch gewünscht. Aber es kam eben ganz anders. Die Menschen, die ihn dort erwarteten, staunten auch nicht schlecht. Jesus kam im Gewand der einfachen Leute und ritt auf einem Lasttier, auf einem Esel kam er durch das Tor in Jerusalem geritten.«

»Aber wenn da so ein armer Jesus auf einem Esel kommt, dann ist das doch nichts Besonderes!« Die Kinder werden ungeduldig. »Viele Menschen haben damals genauso gedacht. Aber gerade die armen Leute von Jerusalem haben es gespürt: Hier kommt einer, der es auch mit uns gut meint! Sie haben Palmenzweige und ihre Kleider auf die Straße gelegt. Da kommt ein König, der auf uns achtet. Er möchte, dass die Völker in Gerechtigkeit leben, und er fängt bei uns, den Armen, an. Darum haben sie gerufen: Hosianna, gelobt sei, der da kommt, denn er kommt im Namen Gottes!«

Ein Mädchen ist ganz dabei: »Wenn ich an der Stelle von Jesus gewesen wäre, ich hätte alle abgesetzt, die das Volk ausgenutzt haben!«

»Das hat Jesus nicht getan. Aber er hat einen kleinen Anfang gemacht. Er ist in den Tempel gegangen und hat den Händlern und Geldwechslern die Tische umgestoßen. Sie waren da, um den Tempelbesuchern aus allen Ländern Opfertiere zu verkaufen. Und sie verdienten nicht schlecht daran. Doch an diesem Tag hat Jesus ihnen das Geschäft verdorben. Er hat sich gar nicht weiter um sie gekümmert, er hat die Kranken zu sich geholt und alle, die sonst immer draußen bleiben mussten. Und er hat sie wieder gesund gemacht.

Natürlich waren die Oberen entrüstet. Jesus, wie kannst du das tun! So haben sie ihn gefragt. Merkst du nicht, mit welchem Pack du dich hier einlässt? Und noch etwas, warum mir gerade diese Geschichte wieder eingefallen ist: Da waren auch viele Kinder, die schon am Stadttor die Palmwedel auf die Straßen gelegt hatten. Als sie Jesus im Tempel wiedererkannten, riefen sie von neuem: Hosianna, du bist Davids Sohn, dich hat Gott zu uns geschickt.« Und mit einem Blick auf die Männer sagte Maria dann noch: »Die Kinder hatten es begriffen!«

Die Kinder haben sich zu Maria gesetzt und hören ihr zu. Es wird ein richtiger Erzählabend. Auch die Männer haben Freude an der Neugier der Kinder und erzählen von ihren Erlebnissen. Bis es für die Kinder Zeit wird, sich schlafen zu legen. Doch bevor sie gehen, vergewissern sie sich: Morgen Früh sehen wir dich wieder?

Lukas 19,28-40

Bei Jesus unter dem Kreuz aushalten

Es ist schon dunkel, aber im Innenhof des Hauses von Andreas sitzen immer noch ein paar Gäste. Die Wände haben die Sonne vom Tag gespeichert und strahlen eine wohltuende Wärme aus. Andreas wendet sich an Maria: »Ich wollte dich schon immer etwas fragen, vorhin fiel es mir wieder ein. Ich habe nur gewartet, bis die Kinder gegangen sind. Du bist damals in Jesu Nähe geblieben, als sie ihn zur Kreuzigung auf Golgotha brachten. Wir waren längst geflohen, unsere Angst war so groß, dass sie uns auch verhaften würden. Aber ihr Frauen, ihr seid bei Jesus geblieben.«
Maria zögert ein wenig: »Ihr werdet verstehen, es fällt mir nicht leicht, mich an diese Stunden zu erinnern. Wenn ich nicht wüsste, dass Jesus lebt, dass er bei uns ist an jedem neuen Tag, ich könnte es immer noch nicht in Worte fassen. Aber ich glaube, es ist gut, dass du danach fragst, Andreas. Menschen können so grausam zueinander sein! Aber wir wissen: Gott will das nicht, er möchte, dass wir in Frieden miteinander leben. Gerade diese schlimme Geschichte, die sich draußen vor Jerusalem auf dem Berg Golgotha ereignet hat, ist eine heilsame Erinnerung. Ihr wisst ja, mit aller Grausamkeit, zu der Menschen fähig sind, ist Jesus an ein Kreuz geschlagen worden.
Es war schrecklich, was er erleiden musste. Wir standen dabei und konnten doch nichts tun. Jesus konnte uns sehen, wusste, dass wir bei ihm aushielten. Das war alles!
Um uns herum wurde gegrölt und gescherzt. Ich hatte bisher nur von den Gräueln des Krieges gehört. Seit Golgotha weiß ich, wozu Menschen fähig sind, wenn sie einmal vom Hass und der Macht der Gewalt besessen sind. Da gibt es anscheinend kein Halten mehr! Jesus litt furchtbare Schmerzen, und doch war sein Gesicht nicht von Hass erfüllt. ›Vater, vergib ihnen, denn sie

wissen nicht, was sie tun.‹ Das war seine Antwort auf den Spott der Soldaten. Ich dachte damals nur: Wenn diese Qual doch endlich vorbei wäre. Jesus betete, rief laut zu Gott, seinem Vater. Es war wie ein Schrei, der uns Frauen durch Mark und Bein ging. Es waren Worte aus einem alten Psalm: ›Vater, ich befehle mein Leben in deine Hände.‹ Das waren seine letzten Worte, bevor er starb.«

Im Hof des Andreas war es still geworden. Nach einer Weile brach Markus das Schweigen: »Nach Jesu Tod geschahen Dinge, die den meisten unverständlich blieben. Wir hörten von einer Finsternis mitten am Tag. Andere erzählten uns von einem Erdbeben, das den Vorhang im Tempel in zwei Hälften zerriss.«

»Ich habe auch davon gehört«, erwiderte Maria. »Was vor aller Welt Augen verborgen bleiben musste, wurde sichtbar. Ein römischer Hauptmann in meiner Nähe wurde sehr nachdenklich und sagte: ›Hier ist Gottes Macht im Spiel, dieser ist ein gerechter Mensch gewesen!‹

Am Abend, als fast alle gegangen waren, kam Josef, ein Mann des Hohen Rates aus Arimathäa. Er hatte von Pilatus die Erlaubnis eingeholt, Jesus nach jüdischer Weise zu bestatten. Wir folgten den Männern, die den Leichnam Jesu vom Kreuz holten und ihn in ein Tuch gehüllt zu Grabe trugen. In einem Felsengrab setzten sie den Leichnam Jesu bei. Und da stand bei uns Frauen der Entschluss fest: Nach dem Sabbat werden wir hierhin zurückkehren. Wir gingen zurück und fertigten Öle und Salben.«

Es ist fast Mitternacht, als sich die Gäste verabschieden. Auf dem Heimweg fällt Maria wieder ein, dass Andreas mit seiner Frage nach dem Tod Jesu gewartet hatte, bis die Kinder nicht mehr dabei waren.

»Warum haben die Erwachsenen nur so viel Mühe, mit den Kindern über die schweren Stunden von Jesus zu sprechen? Ich glaube, sie verstehen viel mehr davon, als wir ahnen. Vielleicht ist es wichtig, dass wir Frauen ihnen davon erzählen, wie durch seinen Tod und sein Auferstehen auch für uns ein neues Leben begonnen hat. Ich werde morgen Früh im Gottesdienst auch davon erzählen.«

Lukas 23,26.27.32-49

Maria und ihre Freundinnen hören die Botschaft des Engels

Früh am ersten Tag der Woche treffen sich alle Christen in Joppe zur gemeinsamen Mahlfeier zur Erinnerung an Jesus Christus. Heute findet die Versammlung im Hause des Markus statt. Nachdem Maria aus Magdala am Abend vorher von ihren Erlebnissen mit Jesus berichtet hatte, sind alle gespannt.

Es war nun schon ein paar Monate her, dass sie aus Jerusalem zu ihnen gekommen war. Keiner wusste damals, dass Maria zu den ersten Frauen gehört hatte, die die Nachricht von der Auferweckung Jesu gehört hatte. Heute nun soll sie davon berichten. Nach und nach füllt sich das Obergemach im Haus des Markus. Auch die Kinder sind mitgekommen. Sie wissen, dass Maria heute erzählen wird. Alle versuchen, einen Platz in ihrer Nähe zu bekommen.

Endlich ist es so weit. Markus begrüßt als Hausvater die Gäste aus der Gemeinde. Gemeinsam singen sie ihr neues Lied:»Jesus Christus ist auferstanden, Halleluja!« Sie beten mit den Worten der Psalmen, die ihnen seit Kindheit vertraut sind: »Dies ist der Tag, den Gott macht, lasst uns freuen und fröhlich sein. Gott hat den Tod besiegt, Halleluja.«

Aus der Rolle des Propheten Jesaja liest Markus einen Abschnitt vor. Viele Sätze sind schwer zu verstehen, und die Kinder schauen sich fragend an. Jesaja schreibt dort von einem Menschen, der sterben musste wie ein Lamm. Nicht einmal gewehrt hat er sich. Aber Gott hat ihn in der Tiefe des Todes nicht verlassen. Ja, er hat ihn errettet, als Erster für viele Menschen, die ihm folgen.

Dann steht Maria auf und beginnt ihre Rede: »Vielleicht geht es euch so wie mir. Ich denke noch an unser Gespräch gestern Abend. Wir redeten von jenem Tag, als Jesus starb. Alles war so finster und so leer in mir. Ich stand dort, unter dem Kreuz, seine Mutter hatte sich ganz fest bei mir eingehakt. Wenn es doch nur vorbei wäre! So habe ich damals gedacht. Ich war unfähig zu weinen. Und dann die zwei Tage des Passah, wir konnten einfach nicht mitfeiern. Das Bild des toten Jesus war mir immer vor Augen. Immer wieder fragte ich mich: Ist nun wirklich alles aus? Nur das Grab war uns geblieben. Wir sprachen nicht darüber, aber wir warteten geradezu darauf, dass endlich die neue Woche anbrach. Das war das Einzige, was wir noch tun konnten: Wir wollten Jesus ein ehrenvolles Begräbnis bereiten. Wir wollten seinen Leichnam so versorgen, wie es in unserem Land üblich ist. Und immer wieder neu stieg die Trauer und die Wut in uns auf: Das ist unglaublich! Jesus hat niemand Unrecht getan; die Menschen haben ihn getötet, obwohl er unschuldig war. Wenn er schon so schändlich am Kreuz sterben musste, diese letzte Ehre werden sie uns doch nicht verweigern! Und so machten wir uns vor Tagesanbruch auf den Weg. Ich holte Maria und Salome ab. In einem Korb trugen wir alles, was wir brauchten. Nichts war vergessen.

Es war dunkel und wir sprachen kein Wort. Allen lag uns ein schwerer Stein auf dem Herzen. Ich schaute kaum auf und die Kehle war wie zugeschnürt. Aber die Blicke der anderen beiden sagten mir: Da ist noch ein großer Steinblock im Weg. Er versperrt uns den Zugang zur Grabhöhle. Salome sprach aus, was wir alle dachten:

›Wer rollt uns den Stein vom Eingang des Grabes?‹

Schaut auf die Strahlen der Sonne! So, wie sie jetzt in dieses Haus leuchten und den neuen Tag ankündigen, so kamen sie damals über den Horizont. Das Dunkel der Nacht wich, und im Garten, in dem die Grabhöhle lag, wurde es farbig.

Und dann, als ich aufblickte, da sah ich es: Der Stein ist fort, der Eingang zum Grab ist frei. Wir schauten uns an und gingen vorsichtig auf das Grab zu. An den Händen gefasst gingen wir hinein. Es war dunkel und feucht. Plötzlich, was ist das? Aus dem Dunkel leuchtete uns ein helles Licht entgegen.

Ein junger Mann saß dort, ein Bote Gottes.

Er sprach uns an: ›Fürchtet euch nicht! Ihr sucht Jesus von Nazareth, den sie gekreuzigt haben. Er ist auferstanden! Er ist nicht hier.‹ Ich werde diese Worte nicht vergessen. Damals konnte ich sie kaum verstehen, ich war so erschrocken. Im Hinauslaufen hörte ich ihn noch deutlich sagen: ›Hört mir zu! Geht schnell zu den anderen Jüngern. Sagt ihnen: Jesus geht euch voran nach Galiläa. Ihr werdet ihn sehen, er hat es euch versprochen.‹

Das war zu viel für uns. Zitternd vor Furcht liefen wir davon. Nur weg von hier! Erst am Abend kamen wir langsam wieder zur Besinnung.

Sollte das wahr sein? Jesus lebt? Werden wir ihn sehen? Und dann erinnerten wir uns an die Worte des Mannes. Geht zu den Jüngern und sagt es ihnen: Jesus wartet auf euch in Galiläa.

Die Jünger zu finden, war nicht schwer. Aber wir mussten erst lange klopfen, bis sie uns hereinließen. Den Grund dafür bekamen wir schnell zu spüren. Minuten später marschierte eine Gruppe römischer Soldaten durch die Gasse. Sie klopften an Häuser und suchten in den Höfen. Sie waren auf der Suche nach den Anhängern Jesu. Zuerst glaubten uns die Jünger kein Wort. Ich weiß auch nicht, ob es stimmt, was man sich von Petrus erzählt. Er soll selbst zum Grab gelaufen sein, um sich zu überzeugen. Aber es bleibt dabei:

Wir Frauen sind die Ersten gewesen, die die neue Wahrheit erfahren haben: Das Leben ist stärker als der Tod. Gott hat Jesus von den Toten auferweckt. Dàmals war das für uns unfassbar, immer mehr haben es erfahren: Jesus ist auferweckt von den Toten, er begegnet uns, seinen Jüngerinnen und Jüngern. Heute und hier, wenn wir uns von ihm erzählen und wenn wir Brot und Wein miteinander teilen.«

Nach der Feier des Abendmahls sitzen die Männer und Frauen von Joppe noch lange beieinander. Und Maria spürt, wie gut es ist, in dieser Gemeinschaft zu sein. Sie hat für ihr Leben einen Ort gefunden, wo sie leben kann. In der ersten Begegnung mit Jesus hatte ihr neues Leben begonnen. Und nun, in dieser Gemeinde wird es weitergehen; nicht ohne Streit, aber in der Gewissheit: Jesus ist mit uns, der Gemeinde von Frauen und Männern, die sich auf seinen Namen haben taufen lassen. Und als sie sich umschaut, da ist nichts zu sehen vom Oben und Unten der alten Ordnung. Und sie malt sich aus, wie es sein wird, wenn irgendwann einmal bei allen Menschen Frauen und Männer gleichgeachtet sein werden.

Lukas 23,50-56; 24,1-12

Ich bin bei euch alle Tage

»Jesus ist auferstanden!« Die Frauen brachten den Jüngern die gute Nachricht. »Geht nach Galiläa, dort werdet ihr Jesus begegnen!«, so hatten sie gesagt. Mit bangen Herzen brachen die Jünger aus Jerusalem auf. Zurück nach Galiläa, das war ein langer Weg. Dorthin sollten sie kommen, wo mit Jesus alles begonnen hatte.
»Werden wir Jesus begegnen?«
Jesus, der durch den Tod gegangen war, der Sohn Gottes, der Messias, wo

anders als auf dem Berg würden sie ihn wieder sehen, auf dem Berg der Sendung.

Matthäus berichtet uns von der Begegnung mit dem Auferstandenen auf dem Berg.

Der Auferstandene kam zu ihnen. Als die Jünger Jesus sahen, warfen sie sich vor ihm nieder.

War er es wirklich? Einige von ihnen zweifelten noch.

Doch Jesus trat auf sie zu und sagte:

»Gott hat mir unbeschränkte Macht gegeben; alles, Himmel und Erde, gehört nun mir.

So hört mir zu, ich habe einen Auftrag für euch.

Geht zu allen Völkern der Welt, macht die Menschen zu meinen Jüngerinnen und Jüngern.

So wie ihr von diesem Berg in alle Himmelsrichtungen schauen könnt, weit hinweg über die Horizonte, so soll die gute Botschaft von meiner Auferstehung zu allen Menschen dieser Erde kommen im Norden, im Süden, im Osten und im Westen.

Erzählt ihnen, was ihr erlebt habt, tauft sie im Namen des Vaters, des Sohnes und des Heiligen Geistes. Lehrt sie zu befolgen, was ich euch gelehrt habe.

Und nun geht in Frieden und wisst:

Ich bin bei euch alle Tage bis an das Ende der Welt.«

Matthäus 28,16-20

4. *Gott ist grenzenlos, darum ist er auch in uns*

Geschichten von Himmelfahrt und Pfingsten

Auch wenn Pfingsten eines der wichtigsten Feste unserer Kirchen ist, es ist nicht gerade anschaulich. Und so geht das Erzählen eher schwer von den Lippen. Dazu kommt, dass die dogmatische Bedeutung, also die Ausgießung des Heiligen Geistes als dritter Person der Dreieinigkeit, auf gleiche Weise den Erzählfluss eher bremst, als dass sie ihn entfacht. Dabei geht es gerade um das Entfachen, das Entbrennen, die Begeisterung, also um Eigenschaften, die dem Erzählen so gut täten!

Die folgenden Erzählungen können dieses Dilemma nicht auflösen, aber sie möchten Mut machen, sich auf den Weg zu machen. Von Pfingsten erzählen heißt, nicht zu erklären, sondern die Bilder vor Augen zu führen, die den Jüngerinnen und Jüngern in Jerusalem geholfen haben, aus der Lethargie und Angst nach dem Tod Jesu zu neuem Leben zu erwachen und seinen Auftrag anzunehmen: Geht hinaus und erzählt aller Welt die Wunder, die Gott für die Menschen tut. Und so erzählen die folgenden Texte von der Öffnung verschlossener Häuser, davon, dass Herzen froh und weit werden und Sprache verleihen, die zum Verstehen über Grenzen hinweg hilft.

Es folgen Erzählungen von Menschen, die darauf vertrauen, dass Gottes Geist mit ihnen ist. Und dieses Vertrauen gibt ihnen Mut und Kraft, anderen zu helfen, ja, sie finden Mut, ihren Glauben zu bekennen.

Und Kinder können diese Wege mitgehen, die Begeisterung spüren. Und in der Erinnerung an ihre Taufe können sie dann auch entdecken: Gut, dass ich zu Jesus gehöre! Was damals in Jerusalem begann, breitet sich wie ein unsichtbares Netz über die ganze Erde, und ich bin auch als kleiner Fisch ein Teil vom Netzwerk des Gottessohnes Jesus Christus.

Gottes guter Geist öffnet Fenster und Türen

In der großen Stadt Jerusalem wird ein Fest vorbereitet. Viele Straßen und Gassen führen hinauf zum Tempel, und da sind Menschen aus vielen Ländern unterwegs um zu feiern, sie stammen aus Persien im Osten und dem fernen Rom im Westen.

Viele Sprachen werden gesprochen, ein buntes Stimmengewirr klingt durch die Gassen.

Aber da ist ein Haus, da feiert wohl niemand. Alle Fenster sind fest geschlossen, die Tür ist fest verriegelt. Dunkel ist es in diesem Haus. Und die Menschen sind ängstlich.

Es sind Frauen und Männer, die mit Jesus gegangen waren.

Nun ist er nicht mehr bei ihnen. Aber er hatte versprochen: Gottes guter Geist wird kommen, und ich werde für immer bei euch sein. Aber sie warten schon so lange!

Und als das Fest in der Stadt begann, geschieht es. Alle Türen sind geschlossen, und doch weht ein warmer Wind durch das Haus. Plötzlich ist ein Brausen in diesem Haus. Die Menschen erschrecken. Was ist das? Alles ist fest verschlossen, und doch ist es , als ob ein frischer, warmer Wind durch das Haus weht. Ängstlich schauen sie sich an. Da ist etwas wie Feuer in dem Raum, und es ergreift sie. Ein Licht geht ihnen auf und erfüllt sie mit neuem Leben. Alles ist anders in diesem Haus. Sie stehen auf und eine Frau sagt: Jesus Christus ist in unserer Mitte, er hat sein Versprechen gehalten, Halleluja!

Einige gehen zu den Fenstern und stoßen sie weit auf. Andere beginnen zu singen und zu tanzen. Wie hatte der Auferstandene gesagt? Ihr sollt von mir erzählen, alle Welt soll es hören! Von innen heraus ist neues Leben in diesem Haus erwacht, weil Gottes Geist eingekehrt ist. Petrus und die anderen Jüngerinnen und Jünger spüren diese Kraft. Sie gehen hinaus auf die Straße, zum ersten Mal seit langem sind sie ohne Angst. Was sie gerade in diesem Haus erfahren haben, gibt ihnen den Lebensmut zurück, den sie an der Seite Jesu gewonnen hatten.

Längst war ihr Freudengesang auf der Straße gehört worden. Die Menschen strömen zusammen. Was ist in diesem Haus geschehen? Sie schauen sich verwundert an. Hörst du auch, was die sagen? So viele Länder, so viele Sprachen und doch können wir verstehen! Einigen wird es zu viel. Sie rufen laut: »Die sind ja betrunken!«

Petrus erhebt seine Stimme. Ihr Frauen und Männer, hört mir zu! Diese hier sind nicht betrunken, aber etwas Wunderbares ist geschehen. Gott hat dieses Haus mit neuem Leben erfüllt. Er hat uns seinen Geist gesandt, damit die frohe Botschaft von Jesus Christus von hier ihren Weg in alle Welt findet. Gott hat Christus von den Toten auferweckt, das können wir bezeugen. Frauen und Männer aus unserer Mitte sind ihm begegnet. Jesus von Nazareth, der vor dem Passah-Fest am Kreuz gestorben ist, ist von Gott auferweckt worden. Und dann erzählt Petrus von den Worten und Taten Jesu. Er erzählt von den Häusern, in die neues Leben einkehrte, als Jesus hineinging. Er erinnert an die Menschen, denen Jesus das Leben neu schenkte. Hört zu, ruft er, Gott hat Ja gesagt zu dem neuen Leben Jesu, sein Sohn ist auferstanden von den Toten, der Christus für alle Völker.

Immer mehr Menschen versammeln sich um das Haus, auf dessen Schwelle Petrus steht und zu ihnen spricht. Was er sagt, rührt ihr Herz an. Er weckt Hoffnung bei den Verzweifelten, Traurige werden froh, seine Begeisterung steckt an.

Und sie fragen: Können wir dazugehören? Petrus lädt sie ein. Kehrt um und lasst euch taufen auf den Namen Jesu Christi. Gott will euch neues Leben schenken, vergeben und vergessen soll das alte sein. Gottes Geist möchte auch in euch wohnen.

So ist die erste Gemeinde der Christen entstanden. Täglich werden es mehr. In viele Häuser hat neues Leben Einlass gefunden. Die Männer und Frauen beten zu Gott im Tempel und versammeln sich in den Häusern. Viele Wege führen von Haus zu Haus. Sie teilen miteinander das Brot. Es ist Zeichen dafür, dass Jesus Christus unter ihnen lebendig ist und ihnen Mut und Kraft für ihr Leben schenkt. So haben sie bei Gott ein Zuhause gefunden, eine Heimat bei Gott, von der sie erzählen können. Und es hören viele Menschen, die auch auf der Suche sind nach einem Zuhause bei Gott. Und sie machen sich auf den Weg.

Apostelgeschichte 2 i.A.

Impuls zur Weiterarbeit

Als »Fortsetzung« dieser Geschichte eignet sich im Blick auf die
Ausbreitung des Evangeliums die Geschichte »Das Geheimnis des
Fisches«, S. 67.

Im Namen Jesu Christi, steh auf!

Petrus und Johannes machen sich auf den Weg hinauf zum Tempel. Jerusalem, die große Stadt, beansprucht ihre ganze Kraft. Täglich kommen neue Menschen zu ihnen und bitten um Aufnahme in die Gemeinde Jesu Christi. Noch vor einigen Wochen hätten sie das nicht zu träumen gewagt. Aber gerade darum brauchen sie die Zeit des Gebetes im Tempel. Zur Ruhe finden und Gott danken, dort können sie das.

Vertieft in ihr Gespräch gelangen sie an das Tor, wo es in den Innenbereich des Tempels geht, und das von allen das »Schöne Tor« genannt wurde. Einige Meter vor dem Tor sitzt ein Bettler. Offensichtlich ist er gelähmt. Einer von jenen, die jeden Tag von der Familie hierher getragen werden. Viele Menschen kommen auf ihrem Weg in den Tempel hier vorbei. Es ist ein guter Platz, um sie beim Kommen und Gehen um ein Almosen zu bitten. Was sollen sie sonst auch tun? Wer hier sitzt, hat alle Hoffnung auf Heilung längst begraben. Und so leben sie mehr schlecht als recht von den kleinen Münzen, die ihnen achtlos im Vorübergehen zugeworfen werden. Schon oft haben Petrus und Johannes über die Bettler in Jerusalem gesprochen. Natürlich haben sie sich dabei besonders schmerzhaft an die Begegnungen erinnert, die Jesus mit ihnen hatte. In seiner Gegenwart konnte es geschehen: Einer, den alle schon abgeschrieben hatten, bekam sein Augenlicht wieder. Und eine andere wurde von Jesus von ihrer ganzen Last befreit. Er richtete sie auf.

Diese Erinnerungen kommen Petrus auch heute beim Anblick des Gelähmten. Fasst wie von selbst gleitet seine Hand in den Geldbeutel und sucht nach einigen Münzen. Doch da ist etwas, das sich in ihm sträubt. Er zieht die Hand wieder aus dem Beutel und bleibt vor dem Gelähmten stehen. Der sitzt da, die Hand in der Bettelgeste erstarrt, den Blick abgewendet. Auch Johannes bleibt stehen.

Petrus spricht den gelähmten Menschen an: »Sieh uns an!«

Er wundert sich selbst über seinen Mut. »Wenn er nun aufschaut, was wird geschehen? Vielleicht werden Hoffnungen und Erwartungen in ihm geweckt, kann ich sie erfüllen oder werde ich ihn enttäuschen?«

Langsam wendet der Gelähmte sein Gesicht dem Petrus entgegen. Ihre Blicke begegnen sich. Petrus hat den Mut, dem Leid dieses Menschen ins Angesicht zu schauen. Er schaut in ein Gesicht, das von Widersprüchen und Enttäuschungen geprägt ist, aber mit Augen, aus denen noch ein kleiner Funke Hoffnung leuchtet.

Sehr vorsichtig, als will er sich vor neuerlicher Enttäuschung schützen, macht der Gelähmte eine Bewegung mit der Hand: »Nur zu, ich erwarte etwas von euch!«

Petrus zeigt auf die ausgestreckte Hand. »Gold und Silber habe ich nicht, da kann ich dir nicht mehr geben als die anderen, das übliche Kleingeld. Aber ich habe Besseres für dich!«

Und mit fester Stimme spricht er zu dem Gelähmten:

»Im Namen Jesu Christi, steh auf und geh umher!« Das kostet ihn seine ganze Kraft. Und dann, dann spürt er, der Gelähmte hat ihn begriffen.

Er stützt sich auf und streckt ihm seine Hand entgegen. Petrus ergreift sie, richtet ihn auf und stellt ihn auf seine Beine.

Und siehe da, er steht! Die beiden schauen sich in die Augen und umarmen sich.

»Im Namen Jesu Christi«, murmelt Petrus und der geheilte Mensch in seinen Armen ruft laut: »Gelobt sei Gott, er hat mich heil gemacht!«

Gemeinsam gehen sie die letzten Stufen hinauf in den Tempel. Nicht länger ist die Pforte für ihn verschlossen, sein Lob kann nun dort erschallen, wo er bisher nur in seinen Träumen sein durfte. Aufrechten Ganges betritt er den Tempel.

Mögen die anderen denken, was sie wollen, laut erklingt sein Lobgebet durch den Tempel, begleitet von unbeholfenem Springen und Tanzen: »Gelobt sei Gott, er hat meine Klage in einen Freudentanz verwandelt!«

Apostelgeschichte 3,1-9

Impuls zur Weiterarbeit

Diese Erzählung kann mit der Geschichte »Die Heilung des gelähmten Mannes«, S. 34, verknüpft werden. Aus der Erinnerung schöpfen Petrus und Johannes die Kraft, den gelähmten Mann aufzurich-
ten, der ihnen am Weg begegnet.

Wasser ist Leben

Jesus ließ sich von Johannes im Jordan taufen. Er musste richtig tief untertauchen, so war es früher bei der Taufe. Und bis heute werden in einigen Kirchen Kinder und Erwachsene in einem tiefen Becken getauft, in
dem sie mit dem ganzen Körper untertauchen. In unserer Kirche haben
wir keine so großen Taufbecken. Und doch, ohne Wasser gibt es keine
Taufe. Von Anfang an haben die Christen im Auftrag Jesu alle getauft, die
zu seiner Gemeinde gehören wollten.

Bei der Taufe wird der Kopf des Kindes oder auch des Erwachsenen mit
Wasser übergossen, dazu wird gesagt: »Ich taufe dich im Namen des Vaters
und des Sohnes und des Heiligen Geistes.«

Jesus selbst hat gesagt, dass wir es so tun sollen. Das Wasser gehört dazu.
Wasser ist Leben. Gott schenkt uns in der Taufe das Leben neu und verspricht:
Ich will ganz nahe bei euch sein!

So nahe, wie uns das Wasser umgibt, wenn wir im Meer schwimmen, mit
dem ganzen Körper sollen wir es entdecken.

Mit unseren Ohren können wir auf die Geräusche hören, die das Wasser
macht. Von den Bäumen tropft Regen, eine Quelle gluckert, ein Bach plätschert über eine Wiese daher, ein Wasserfall kann tosen, und am Meer hören wir schon von weitem das Rauschen der Wellen.

Und wenn wir es mit unseren Augen anschauen, entdecken wir, wie das
Wasser das Licht in vielen verschiedenen Farben bricht und widerspiegelt.
Das Meisterstück dabei ist sicher der Regenbogen, der sich im Zusam-
menspiel von Sonne und kleinen Regentropfen am Himmel erstreckt.

Aber es gibt noch mehr zu sehen im Wasser. Die Tiere, die darin leben,
und manchmal auch darüber hinweglaufen wie der Wasserläufer. Im Was-

ser, das ganz ruhig ist, können wir unser Spiegelbild sehen. Und wenn dann ein Stein hineinfällt, breiten sich kleine Wellen aus und verlaufen in immer größer werdenden Kreisen.

Sauberes Wasser können wir trinken. Und alle wissen, wie gut es tut, an einem heißen Sommertag aus einer kühlen Quelle zu trinken. Wenn wir die Hände unter das fließende Wasser halten, können wir spüren, wie uns das Wasser kühl über die Hände und Arme läuft.

Und im Sommer gibt es nichts Schöneres als ein kühles Bad im See oder im Schwimmbad. Am Anfang noch ein wenig ängstlich und dann immer mutiger spüren die Kinder, wie das Wasser sie trägt. Und je mehr sie Zutrauen zum Wasser bekommen, desto besser geht das Schwimmen und Tauchen. Dabei reinigt uns das Wasser, es ist gut, dass wir mit Wasser alles abwaschen können.

Und wenn wir dann so richtig sauber und erfrischt sind, dann sagen wir vielleicht sogar: »Ich fühle mich wie neugeboren!«

So viel kann den Menschen das Wasser nützen, darum ist es gut, dass das Wasser zur Taufe dazugehört.

Gott lädt uns ein: Alle sollen zu mir kommen, ich schenke euch das Leben neu.

Impuls zur Weiterarbeit

Kerzen verzieren

Material: Kerzen in verschiedenen Größen und Durchmessern (je dicker die Kerze, umso größer die Fläche zum Verzieren); Wachsfolien (ca. 1-2 mm stark) in verschiedenen Farben.

Beschreibung:
Diese Form des Gestaltens eignet sich besonders für diese Geschichte, in der es um die Zusage der Gegenwart Gottes an die Kinder geht: Ich bin bei euch.

Mit einem kleinen Messer oder einer Schere werden aus den farbigen Wachsfolien Motive ausgeschnitten und auf die Kerze geklebt. Diese Kerzen können dann bei der Tauferinnerung Verwendung fin-

den, von der großen Tauf- oder Altarkerze bis zur einfachen Haus-
haltskerze zum Mitnehmen und Erinnern. Schon Kinder ab vier Jahren können mit einfachen geometrischen Formen gestalten, wo ihnen bei dem Text »ein Licht aufgegangen ist«.

Das Geheimnis des Fisches

Simon und Susanna waren die Kinder von Andreas und Lydia. Andreas
war als Händler nach Rom gegangen, weil er sich dort eine sichere Zukunft für seine Geschäfte erhoffte. Geboren war er in Galiläa, dort, wo sein
Onkel Jakobus gelebt hatte, bis Jesus ihn traf und er mit ihm ging.
Die Familie des Andreas waren Christen. Dies war in Rom zu der Zeit au-
ßergewöhnlich, es gab nur eine kleine Gemeinde. Und es war gefährlich.
Der Kaiser hatte das Christentum verboten. Und wer von den Soldaten er-
wischt wurde, der wurde gezwungen, ein Bild des Kaisers anzubeten. Und
wer das nicht tat, der konnte im Zirkus den Löwen zum Fraß vorgeworfen
werden.
Ihr könnt euch also vorstellen, dass es den beiden Kindern etwas mulmig
zumute war, als sie an ihrem ersten Sonntag in Rom zum Gottesdienst gingen. Gottesdienst feierten die Christen heimlich in ihren Häusern oder
auch in den Katakomben, unterirdische Gänge im Süden von Rom. Heute
waren sie in das Haus des Claudius eingeladen. Als sie hineingingen, entdeckte Susanna ein kleines Zeichen am Türpfosten, es war ein Fisch.
Die neue Familie wurde im Innenhof des Hauses begrüßt. Der Gottesdienst begann. Andreas wurde gebeten, eine Geschichte von Jesus zu erzählen. Und er erzählte ihnen seine Lieblingsgeschichte, die er immer
wieder von seinem Onkel Jakobus gehört hatte.
»Als Jesus zu Petrus ins Boot kam, war Jakobus damals mit dabei. Er erzählte oft davon, wie sie die ganze Nacht keinen einzigen Fisch gefangen
hatten, und dann mitten am Tag, mit Jesus im Boot, war auf einmal alles
anders. Ihre Netze waren prall gefüllt. Jesus sagte zu Petrus und Jakobus:
Bleibt bei mir! Ich kann euch gut gebrauchen! Ihr sollt die Menschen für
Gott gewinnen. Jakobus ist dabei geblieben, auch später, als sie Jesus gefangen genommen hatten und er am Kreuz starb. Er war sich ganz sicher:

Dieser Jesus ist nicht im Tod geblieben, er lebt! Und er hat allen, die an ihn glauben, versprochen: ›Ich bin bei euch, alle Tage!‹«

Simon, der Sohn von Andreas, muss da an gestern denken. Fremde Kinder haben ihn auf der Straße geärgert, und dann haben sie ihn verjagt und mit Steinen hinter ihm her geworfen. »Ob Jesus hier in der neuen Stadt auch bei mir ist?« Er erschrickt, denn er hat es ganz laut gesagt, alle haben es gehört.

Claudius schaut ihn an: »Weißt du, Simon, immer weiß ich es auch nicht, aber oft spüre ich, er ist bei uns. Auf jeden Fall weiß er, wie es dir gestern gegangen ist. Er hat selbst erfahren, wie es ist, verspottet und verfolgt zu werden. Und ich glaube ganz fest, er hat diesem allen die Macht genommen, er hat Gott seinen Vater genannt, und Gott hat seinen Sohn aus dem Tod befreit. Das ist das Zeichen: Gott will unser Leben! Gott möchte, dass wir in Frieden leben.« Und er schaut zu Susanna, die einen Fisch in den Sand gemalt hat. »Schaut her, Susanna hat unser Geheimzeichen aufgemalt. Dieses Zeichen verbindet uns mit Jesus. Und es verbindet uns untereinander – wie ein unsichtbares Netz.

Ichthys, so heißt auf Griechisch der Fisch:

Und für uns bedeutet es: I für Jesus, Ch für Christus, Th für theos, das heißt Gott, y für ´uios, das heißt Sohn,

S für soter, das heißt Retter.

Jesus Christus, Gottes Sohn, unser Retter.

Simon ruft: »Ist das nicht das Zeichen an eurer Tür?«

Und Claudius antwortet ihm: »Ihr werdet es überall dort finden, wo Christen sind. Und auch wenn Rom eine große Stadt ist, und trotz allen Soldaten des Kaisers, wir können uns wie die Fische im Meer zu einem Schwarm zusammenfinden, und dann können wir uns gemeinsam helfen und gegenseitig stark machen. Das ist unser unsichtbares Netz. Es verbindet uns, und darum ist es stärker als die Stricke der Menschen, die uns verfolgen.«

Impuls zur Weiterarbeit

Den Kinder macht es Spaß, das Geheimnis des Fisches für sich zu entdecken. Dazu können sie Fische basteln, auf denen sie die griechischen Buchstaben ΙΞΘΥΣ aufmalen.

5. *Bei Gott sind wir geborgen*

Geschichten von Erfahrungen mit dem »Gott mitten unter uns«

»Wo ist Gott zu Hause?«, fragen Kinder. Und sie haben durchaus ihre eigenen Vorstellungen, die uns zum Nachdenken anregen. Im Anschluss an den Abschnitt zu Pfingsten sammelt dieses Kapitel Texte und Erzählungen, die sich mit der Gegenwart Gottes in unserem Leben beschäftigen.

Die Frage, in welcher Weise Gott in seiner Schöpfung anwesend ist, hat auch die Zeitgenossen des Alten und Neuen Testamentes beschäftigt. Grundlegend dabei ist sicherlich die Erfahrung des Volkes Gottes. Er selbst hat sie aus der Knechtschaft Ägyptens befreit und mit den zehn Geboten seinen Willen gegeben.

Aber auch in der weiteren Begleitung zeigte sich Gottes Geleit, und manchmal gerade in der Zuwendung zu den Kleinen, wie die Berufung des Hirtenjungen Davids zum König über Israel zeigt.

Radikal sind die Aussagen Jesu zur Gegenwart Gottes in den Kindern. Er stellt sie seinen Jüngern in die Mitte als Beispiel für das Ergreifen der Gottesherrschaft, aber auch als Ebenbild Gottes, der in diesen Kinder aufgenommen sein will. Eine starke Erzählung für die Kinder unserer Zeit, die so oft schon von ihrem Wert und Nutzen her angeschaut und beurteilt werden.

Weil Gott in unseren Kindern gegenwärtig ist, darum können wir von ihnen lernen. Davon erzählen die weiteren Geschichten dieses Abschnittes, die es Erwachsenen und Kindern gemeinsam zu erzählen gilt.

Gott wohnt bei seinem Volk

Gott können wir nicht sehen, und doch ist er bei uns. Er möchte auch heute bei uns sein, so wie er vor langer Zeit bei seinem Volk Israel war. Die Israeliten konnten Gott so wenig sehen wie wir, aber sie hatten die Stiftshütte als Zeichen für seine Gegenwart.

Das war ein besonderes Zelt, das sie auf ihrer Wanderung begleitete. Nur die Priester durften sich ihm nähern, und hier wurden Gott zu Ehren Opfer dargebracht.

Das Wichtigste in diesem Zelt waren die steinernen Tafeln, die Mose von Gott auf dem Berg Sinai empfangen hatte.

In zehn Sätzen war auf ihnen Gottes Wille eingemeißelt.

Und Gott hatte seinem Volk versprochen: »Lebt nach meinem Willen, und ich werde mitten unter euch wohnen. Euer Leben wird gesegnet sein.«

Wenn die Israeliten sich an der Stiftshütte versammelten, dann erinnerten sie sich an den langen Weg, den Gott sie aus Ägypten geführt hatte.

Gott hatte Mose mit der Führung beauftragt. Als Zeichen, dass Gott bei ihnen war, begleitete sie am Tage eine Wolkensäule und in der Nacht eine Feuersäule, damit sie Orientierung fanden und nicht verloren gingen. So wanderten sie los. Aber schon bald bekamen sie große Angst. Der Pharao war wütend, dass er dieses Volk hatte ziehen lassen, und verfolgte sie mit einer großen Macht von Streitwagen. Bald schon entdeckten die Israeliten hinten im Zug die Staubwolke. Sie waren verzweifelt. Mose spürte diese Verzweiflung und er betete zu Gott. Sag mir, was ich tun soll, Gott, sag mir, wohin der Weg in die Freiheit uns führt!

Da geschah etwas Wunderbares. Die Wolkensäule, Zeichen der Gegenwart Gottes, wandelte sich zu einer Schutzwand, die sich zwischen das Volk und die herannahenden Wagen des Pharao stellte. Nichts war mehr zu sehen von seiner Macht. Doch wohin sollte der Weg gehen? Vor dem Volk war das große Schilfmeer.

Da erhob sich ein großer Wind, die Wassermassen wichen zurück. Das Volk fasste Mut und zog durch das Wasser. Als sie am nächsten Morgen die Wolkensäule wieder vor sich hatten, sahen sie nichts mehr von der geballten Macht des Pharaos. Im Wasser versunken war alles, was ihnen Böses wollte. So erfuhren sie Schutz und Rettung, Gott war bei ihnen.

Und sie zogen weiter. Am Abend machten sie Rast und schlugen einfache Zelte auf, um sich vor der Kälte der Nacht zu schützen. Die Tage waren heiß in der Wüste, Wasser war Mangelware und außerdem quälte sie der Hunger. Und sie fingen an zu überlegen: War es richtig zu gehen? Sicher, die Gefangenschaft war nicht gut, aber immerhin, der Pharao hatte dafür gesorgt, dass sie genug zu essen und zu trinken hatten, schließlich brauchte er ihre Arbeitskraft.

Und nun quälten sie Hunger und Durst in der Wüste. Sie konnten kaum noch einen Fuß vor den anderen setzen. »Mose, wo hast du uns hingeführt?«

Mose ging ein Stück hinaus und sprach zu Gott: »Was soll ich tun, die Menschen haben Hunger?« Und er hörte die Stimme Gottes: »Ich werde ihnen zu essen geben«.

Als die ersten Kinder am nächsten Morgen aus dem Lager gingen, kamen sie ganz aufgeregt zurück. In der Hand hatten sie kleine weiße Kügelchen. »Schaut, was wir gefunden haben. Es schmeckt wie Brot, das mit Honig gesüßt ist.«

Mose kam herbei und sprach: »Das ist das Brot, das Gott euch versprochen hat!«

Und sie gingen hinaus und sammelten und wurden alle satt von dem Brot, das Gott vom Himmel hatte fallen lassen.

Eines Tages schlugen sie ihr Lager am Berg Sinai auf. Mose stieg auf den Berg. In dieser Gegend war er Gott zum ersten Mal begegnet. Ein Dornbusch war da, er brannte, aber er verbrannte nicht. Und er hörte Gottes Stimme: »Ich werde immer mit dir sein, das ist mein Name.«

Und Mose brachte seinem Volk die Tafeln, auf denen Gottes Wille geschrieben stand.

Gott hatte sie befreit, er hatte sie auf ihrem langen Weg begleitet und ihnen Schutz, Essen und Trinken gewährt. Und sie erkannten, dass es gut war, unter seinem Willen zu leben.

Und als Zeichen hatten sie die beiden großen Tafeln, auf denen Gottes Wille aufgeschrieben war, am Berge Sinai hatte Mose sie von Gott bekommen.

Und an eben diesem Berg war Gott Mose begegnet, in einer großen Flamme, die aus einem brennenden Dornbusch schlug. Ein Feuer für Gottes Leidenschaft zu dem Menschen: Ich bin bei euch, ich brenne in Liebe für euch, aber ich verbrenne euch nicht.

Später haben die Jünger zu Pfingsten Gottes Geist an den Flammen erkannt. Gott hält, was er verspricht: Er wohnt mitten unter uns!

3 Mose 26,9-12

Gott verheißt: David ist mein Gesalbter

»David, David!« Schamma sucht seinen jüngsten Bruder. Weit hinten hat er die Herde seines Vaters entdeckt. »Einsam ist es hier draußen«, denkt Schamma. Er ist stolz auf den kleinen David, der hier ganz allein auf die große Schafherde aufpasst. Selbst einen Löwen hat er in der letzten Woche in die Flucht geschlagen. Endlich ist Schamma bei ihm. »David, komm mit mir, du musst zu Vater kommen! Ich habe einen Knecht mitgebracht, der bei der Herde bleibt.«

Auf dem Weg erzählt der große Bruder: »Der alte Samuel ist heute zu uns gekommen. Vater war ganz aufgeregt: ›Samuel, wie kommen wir zur Ehre deines Besuches?‹ Samuel antwortete geheimnisvoll. ›Gott hat mich zu euch geschickt. Lasst uns ihm zur Ehre ein Opfer bringen! Isai, komm mit allen deinen Söhnen!‹ Und dann standen wir, alle sieben in einer Reihe, das sah komisch aus. Nur du hast uns gefehlt. Aber du warst ja weit draußen. Nacheinander sind wir an Samuel vorübergegangen. Offensichtlich ist er auf der Suche nach jemand, aber ich glaube, er weiß wohl selbst nicht genau nach wem. Als unser Ältester, Eliab, in seiner ganzen Größe vor ihm stand, sagte er: ›Der Mensch sieht, was vor Augen ist, Gott aber sieht das Herz an!‹« Ich war als Dritter an der Reihe. Und ich hörte Samuel leise sagen: ›Der ist es auch nicht, den hat Gott nicht erwählt.‹«

»Aber warum erzählst du mir das?« David ist ganz ungeduldig. Schamma nimmt ihn bei der Hand. »Hör zu, kleiner Bruder, Samuel hat Vater gefragt: ›Sind das alle deine Söhne?‹ Und da hat Isai an dich gedacht. ›Nein, da ist noch mein Jüngster, er ist draußen bei den Schafen.‹ – ›So hole mir auch David‹, hat Samuel gesagt, ›ich will mit euch allen Gott loben.‹«

»Merkwürdig, was kann das nur bedeuten?«, denkt David, aber da sind sie schon am Hof des Vaters angekommen. Schamma bringt David zu Samuel. Samuel schaut David an. Er sieht seinen schönen Körperwuchs. Seine Haut ist gebräunt von der Sonne und aus seinem Gesicht leuchten ihn dunkle Augen an.

»Der ist es! Den habe ich ausgesucht!« David hört eine Stimme, aber war es Samuels Stimme?

Samuel nimmt aus seinem Umhang ein Horn. Es ist mit kostbarem Öl gefüllt.

Samuel gießt das duftende Öl über den Kopf von David und segnet ihn.

Isai staunt: »Gott hat David auserwählt. David, unser Hirtenjunge, er soll König werden über Israel!«

David denkt: »Was hat Gott mit mir vor?« Stolz steht er zwischen seinen großen Brüdern; so wie vor einigen Tagen, als er die Herde vor dem Löwen gerettet hatte. Und alle feiern mit Samuel und loben den Gott Israels, der sein Volk bewahrt zu allen Zeiten.

1 Samuel 16,1-13

Impuls zur Weiterarbeit

»Gott sieht das Herz an.« Darum kommen bei Gott auch die Kleinen groß heraus. Dieses Motiv kann in einer Schulklasse oder Kindergruppe auch gespielt werden.

David erlebt: Vertrauen auf Gott macht stark

Davids Brüder sind mit Saul in den Krieg gegen die Philister gezogen. Ihr Vater sorgt sich um sie und schickt David: »Bringe ihnen Brot und Käse und sage mir, wie es ihnen geht!«

David kommt zu einem Tal mit vielen Eichen. Auf beiden Seiten stehen Soldaten auf einer Anhöhe, hier die Israeliten, dort die Philister in ihren eisengepanzerten Rüstungen. David schleicht sich vorsichtig heran.

Da erklingt eine fürchterliche Stimme. Es ist Goliat, der größte Kämpfer der Philister. »Na, ihr feigen Israeliten? Wer kommt heraus und kämpft mit mir? Habt ihr etwa Angst? Ist euer Gott zu schwach?«

»Wer ist das?«, fragt David einen der Soldaten. »Das ist Goliat. Seit vielen Tagen verhöhnt er uns. Aber schau dir nur diesen Riesen an! Wer soll es mit ihm aufnehmen?«

Wieder lässt Goliat sein hässliches Lachen dröhnen. Die israelitischen Soldaten laufen voller Angst auseinander. In David steigt eine ungeheure Wut hoch.

»Wie lange noch soll er unseren Gott auslachen? Das muss ein Ende haben!«

Eliab, sein ältester Bruder, kommt. Er ist wütend, er will David wegschicken. »Mach, dass du nach Hause kommst, das ist hier nichts für kleine Jungen!«

Aber die anderen haben Saul von David erzählt. Und der König kommt selbst und fragt: »Wer bist du, dass du gegen den Riesen kämpfen willst?«

Und wieder sagt David: »Ich kann nicht mit ansehen, wie dieser Goliat das Heer unseres Gottes auslacht. Ich werde mit ihm kämpfen. So, wie ich mit Gottes Hilfe den Löwen besiegt habe, als er über die Herde meines Vaters herfiel. Mit Gottes Hilfe werde ich ihn besiegen.«

Saul gibt ihm seine Rüstung. David ist es nicht gewohnt, wie ein Soldat zu kämpfen. Er kann sich kaum bewegen in dem schweren Panzer. Schnell schlüpft er wieder heraus und greift nach seinem Hirtenstab und der Schleuder. Aus dem Bachbett sucht er fünf Kieselsteine und stellt sich in die erste Reihe der Soldaten.

Als Goliat wieder kommt, tritt David ihm entgegen.

Goliat schimpft: »Bin ich denn ein Hund, dass du mit dem Stock kommst? Komm nur, du Winzling, ich werde dich den Raubvögeln zum Fraß vorwerfen!«

Aber David ruft: »Fluch du nur, du, mit deiner Riesenrüstung und deinen Waffen. Ich komme zu dir im Namen des lebendigen Gottes, der seinem Volk hilft! Heute ist es aus mit dir!«

Goliat kommt näher und näher. David legt einen Stein in seine Schleuder. Das Leder pfeift, der Stein schnellt los – und trifft den riesigen Goliat an der Schläfe.

Da wankt der Riese, stürzt kopfüber zu Boden und ist auf der Stelle tot. In Todesschrecken laufen die Philister davon, die Israeliten aber jubeln: »Dank sei Gott, er hat David den Sieg gegeben!«

1 Samuel 17 i.A.

Das lachende Kind in der Mitte

Auf dem Weg nach Jerusalem kommt Jesus mit seinen Freunden durch Kafarnaum.

Er ist vorausgegangen und wartet im Innenhof eines Hauses auf die Jünger, dort wollen sie Rast machen.

Nach und nach treffen die Jünger ein. Sie schweigen, und ihre Gesichter sind dunkel. Dabei merken sie gar nicht, wie angenehm kühl es im Innenhof ist. Sie setzen sich zu Jesus und stochern im Sand. Niemand schaut auf. Und wenn mal einer einen Blick wagt, wendet er sich gleich ab, wenn ein anderer Blick ihn trifft.

Jesus sieht sich um: »Was ist los? Ich hörte euch sprechen unterwegs. Es war sehr laut.« Schweigen. »Ihr habt euch gestritten. worüber?« Keiner antwortet. Was sollten sie auch sagen. Es war das ewig alte Spiel: Wer ist der Größte? Wer ist der Beste? Wer ist der Wichtigste? Jeder weiß es und keiner sagt etwas. Alle haben Angst, es zuzugeben. Gefangen sind die Jünger in diesem Spiel: Wer ist der Größte?

Auf einmal wird es unruhig. Kinder laufen durch den Hof und spielen Verstecken. Ein Kind bleibt stehen. Es schaut in die seltsame Runde der schweigenden Männer – und versteht nichts.

Jesus steht auf. »Wenn jemand unter euch der Erste sein will, der soll der Letzte sein von allen und aller Diener.«

Er winkt das Kind zu sich. Langsam kommt das Kind auf Jesus zu und geht mit ihm in die Mitte des Halbkreises. Jesus hockt sich neben das Kind und schaut sich die Jünger aus dessen Augenhöhe an.

»Seht euch dieses Kind an!« Die Jünger heben die Köpfe, sehen das Kind und seinen offenen Blick. Das tut gut, ja, es erheitert sie.

Plötzlich lacht das Kind los. Schaut Jesus an, schaut die Jünger an, hält sich die Hand vor den Mund und lacht. Ein Lachen, das ansteckt und die Jünger ergreift. Das Lachen dieses Kindes ist stärker als der Streit der Jünger.

»Schaut euch dieses lachende Kind an!«, sagt Jesus. »Ich sage euch, wer ein solches Kind aufnimmt in meinem Namen, der nimmt mich auf. Und wer mich aufnimmt, der nimmt nicht mich auf, sondern den, der mich gesandt hat. Lasst euch verwandeln von dem offenen und unbekümmerten Lachen dieses Kindes. Seht euch an! Seht euer Lachen!«

Die Jünger schauen sich um. Und alles, was ihnen gerade noch so wichtig war, erscheint in einem neuen Licht. Das anstrengende Spiel: Wer ist der Größte? Für diesen Moment ist es aus.

Markus 9,33-37

Gottes Reich – mit den Kindern entdecken

Eine Stunde mögen sie wohl schon unterwegs sein; Vater und Sohn, die endlich Zeit füreinander haben, schließlich ist jetzt Urlaub. Und nun radeln sie zusammen durch die Landschaft, der Kleine vor dem Großen sitzend, angekuschelt und geschützt.

Doch langsam wird es langweilig. Schnurgerade zieht sich die Straße wie ein endloses, glitzerndes Band durch die Landschaft; Acker grenzt an Acker, kaum eine Hecke, kaum ein Busch, ab uns zu ein Traktor. Hinter einer Kuppe weitet sich der Horizont.

»Oh, der große Baum, Papa, siehst du ihn? Halt doch mal an!«

Unbeirrt steht er da, ein riesiger Baum. Mitten auf einem Acker hat er seinen Ort gefunden und stört die schnurgerade gezogenen Linien der Strohballen, die der Mähdrescher hinterlassen hat. Eine Insel der Vögel, diese weit ausladende Eiche. Hier verweilen sie auf ihrem Flug, finden Wohnung und Zuflucht in der eintönigen Landschaft.

Der Vater stoppt das Fahrrad und hebt seinen Sohn herunter. Der hüpft, des langen Sitzens überdrüssig, über die Stoppeln zum Baum. Kaum kann er es abwarten, bis ihm der Vater gefolgt ist.

»Mal sehen, ob wir ihn umfassen können.« Sie schauen sich an und lachen. Vor diesem Eichenstamm wird auch der große Papa ganz klein, mit winzigen Armen, und kann nur noch mitstaunen über diese Größe. Im Schatten der Zweige lässt es sich ausruhen, die Augen baden in dem tiefen Grün. Die beiden lassen es sich gut gehen und puhlen in den ausgedroschenen Ähren nach Körnern.

Vergeblich, der Mähdrescher hat gründliche Arbeit geleistet. Nur da, zwischen zwei Wurzelarmen, wird der Kleine fündig und sammelt Körner in seiner Hand. Schön ist es, hier zu liegen mit dem Sohn. Mit dem Duft des abgeernteten Feldes in der Nase, den Flug der Krähen mit den Augen verfolgend, lässt der Vater seine Gedanken zum Himmel fliegen. Bilder von früher tauchen auf: Von der Arbeit im Garten, vom Pflanzen und Wachsen, die alten Träume vom Großwerden.

»War der Baum schon immer hier?« Der Kleine holt seinen Vater zurück.

»Bestimmt ist der schon viele hundert Jahre alt! War der immer schon so groß?«

Der Vater erzählt ihm von der kleinen Eichel, die irgendwann einmal vom Regen hier in den Boden gespült wurde: »Winzig klein, nicht größer als dein Daumen. Hier hat sie Platz zum Wachsen gehabt über Jahre und Jahrzehnte. War schon ein stattlicher Baum, als ich so alt war wie du.« Mit großen Augen schaut ihn der Sohn an: »Und jetzt wohnen die Vögel hier und freuen sich. – Ob der Bauer sich manchmal ärgert, wenn er immer um den Baum herumfahren muss? Gut, dass der Baum so groß ist, da kann er ihn nicht einfach umhauen. – Den Spielbaum auf der Wiese in unserer Straße, den haben sie einfach umgehauen für das neue Haus. Das war gemein, jetzt haben wir keine Bude mehr!« Zornig ist er aufgesprungen – »Und wenn dieser Baum einmal stirbt, wo sollen dann die Vögel wohnen?«

Im Weglaufen ruft er noch: »Wo sollen denn hier Bäume wachsen, ist doch gar kein Platz!«

»Eigentlich hat er Recht«, denkt der Vater, »in dieser schnurgeraden Ordnung von Acker, Graben, Straße, Acker, ist da noch Platz für das neue Leben eines kleinen Setzlings? Ist da noch Platz für Träume der Kinder vom Wachsen aus dem Kleinen, und Großwerden wie ein Baum? Die Träume der Kinder zu allen Zeiten, Träume von gestern, ausgeträumt, begradigt, asphaltiert?«

Der Sohn ist längst an der Straße angelangt und macht sich an der Bankette zu schaffen. »Komm, schnell, komm doch mal, ein kleiner neuer Baum!« Da sitzt nun dieser kleine Junge und puhlt mit den Fingern im Asphalt am Rande der Straße.

»Schau, wir müssen ihm helfen, der Teer ist so hart.« Rund um einen kleinen Halm puhlt er Stück für Stück aus dem Teer. Tatsächlich, hier bahnt sich ein kleiner Setzling den Weg ans Licht, passt sich nicht der Ordnung an, sucht neue Wege zum Leben durch den harten Asphalt.

»Das kenn ich schon«, erzählt der Kleine eifrig, »das mache ich mit meinen Freunden manchmal auf dem Schulweg. Da sind öfter solche Ritzen im Teer, da wachsen Blumen durch. Wir helfen ihnen, damit sie das schaffen.«

Der Vater, er kann nicht anders, er nimmt seinen Sohn und drückt ihn ganz fest an sich. Hat er ihm doch die alten Träume vom Leben wiedergeschenkt! Mit seinen Träumen von neuem Leben, das sich Wege sucht, neue Wege durch den erstarrten Asphalt. Und er spürt deutlich: Der Sohn öffnet ihm, dem Vater, neu die Türen zu Gottes Reich. Der kleine Setzling, der sich durch den Asphalt Bahn bricht und Leben will, ist das nicht ein Schlüssel, den er da entdeckt hat und dem Vater stolz zeigt?

Ein Gleichnis legte Jesus ihnen vor:
Das Himmelreich ist gleich einem Senfkorn.
Das nahm ein Mensch und säte es auf seinen Acker,
welches ist das Kleinste unter allen Samen.
Ja, das kannte der Vater. 300 Samenkörner auf ein Gramm.
Einmal pusten, und weg sind sie, wie Staub.
Wenn es aber gewachsen ist, so ist es größer als alle Sträucher und wird ein Baum.
Sein Verstand sagt ihm: Maßlose Übertreibung!
Zwei Meter höchstens wird solch eine Senfstaude groß.
Und da schaut er sich seinen Sohn an,
besorgt um den kleinen Setzling, der da ans Licht dringt,
durch den harten Asphalt der vernünftigen Einwände der Großen.
Und er schaut zurück auf den Baum, ihren Baum, wie sie ihn jetzt nennen.
Und er möchte sich neu einlassen auf dieses Gleichnis,
möchte mehr hören über Gottes neue Welt, von der Jesus erzählt.
So geht es zu mit Gottes Reich.
Und wenn es gewachsen ist, wird es ein Baum.
Und die Vögel unter dem Himmel kommen
und wohnen in seinen Zweigen.
Welche Freiheit und welche Würde liegt doch in diesem alten Bild der Propheten.

Matthäus 13,31

Impuls zur Weiterarbeit

Diese Geschichte eignet sich besonders als Impuls für ein Gespräch mit Eltern und Kindern. Mit den Augen der Kinder Gottes Welt entdecken – dieses Motiv erschließt sich ebenso in »Das lachende Kind in der Mitte«, S. 74.

Wo ist Gott zu Hause?

An einem schönen Sommermorgen sitzen einige Kinder in der großen
Sandkiste des Kindergartens.
Gestern hat es noch geregnet, aber heute ist es schon wieder sehr warm.
Der feuchte Sand lädt zum Spielen ein.
»Was sollen wir bauen?« – »Ich möchte eine große Stadt bauen!« – »Ja, mit
vielen Häusern!« – »Und einer Burg und einer Mauer!«
Schnell haben sie sich Förmchen und Eimer und einige Schaufeln geholt.
Die Älteren haben schon einmal mit dem Fuß einen Grundriss gezogen,
damit kein Kind dem anderen die mühsam gebauten Sandhäuser zerstört.
Ein Berg wird aufgeworfen und darauf wird die Burg gebaut. Unterhalb
der Burg entstehen Häuser und Gassen. Nach und nach wächst eine kleine
Stadt. Die Kinder überlegen sich, wo sie wohnen wollen. »Das ist mein
Haus.« »Ich möchte lieber am Berg unter der Burg wohnen.«
»Und hier baue ich ein Krankenhaus.« – »Ja, und eine Polizei und eine
Feuerwehr brauchen wir auch.« »Bauen wir auch eine Kirche?«
Ein Junge stutzt: »Ist das denn auch ein Haus?« – »Aber natürlich«, sagt ein
anderer, »das ist doch Gottes Haus!« – »Meinst du, dass der da wohnt?«
»Also, ich weiß es auch nicht genau, wir waren letztens in unserer Kirche.
Der Pastor hat uns alles gezeigt: Die Schale, wo ich getauft wurde, das
Pult, wo er predigt, den Tisch, auf dem die Bibel liegt und wo die Kerzen
brennen beim Gottesdienst. Und dann waren wir sogar auf dem Turm bei
der großen Uhr und bei den Glocken.« Da wird er von einem Mädchen un-
terbrochen: »Und, war er da?« »Wer?« – »Na, Gott!«
»Ne, so direkt nicht, ich habe ihn jedenfalls nicht gesehen.«
»Aber wir gehen doch manchmal mit dem Kindergarten in die Kirche. Und
wenn wir dann singen und beten und Frau Schmitt uns die Geschichte er-
zählt, dann ist das manchmal so.«
»Wie, was meinst du denn?« »Ja eben, als wenn Gott da ist!«
Sie hat nun genug gehört und fängt an, eine schöne Kirche zu bauen. Das
ist gar nicht so leicht, ein anderes Kind hilft ihr bei dem Turm.
Die anderen haben weiter überlegt. Als sie die Kirche sehen, sagen sie:
»Guckt mal, jetzt hat Gott auch ein Haus in unserer Stadt.«
»Ob Gott wirklich nur da wohnt, ist der nicht überall?«

»Woran man das wohl merkt?«
»Ich erklär' mir das so«, sagt ein Mädchen. »Wenn wir uns zanken und streiten, dann merken wir gar nichts davon, dass Gott da ist. Aber wenn es uns gut geht und wir uns verstehen oder wenn ich mit meinen Eltern kuschele und erzähle, dann ist Gott ganz nah bei uns.« Die anderen schauen auf die schöne Stadt, die sie gebaut haben, und auf die Häuser, die sie für sich gebaut haben. Und ein Kind sagt: »Wenn das so ist, dann wohnt Gott jetzt bestimmt auch ein bisschen in unserer Stadt!«

Impuls zur Weiterarbeit

Zur Vertiefung dieser und der folgenden Geschichte »Coloradino« eignet sich das Lied:

Text: Ulrich Walter; Melodie: Roland Weger, © bei den Autoren

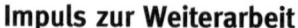

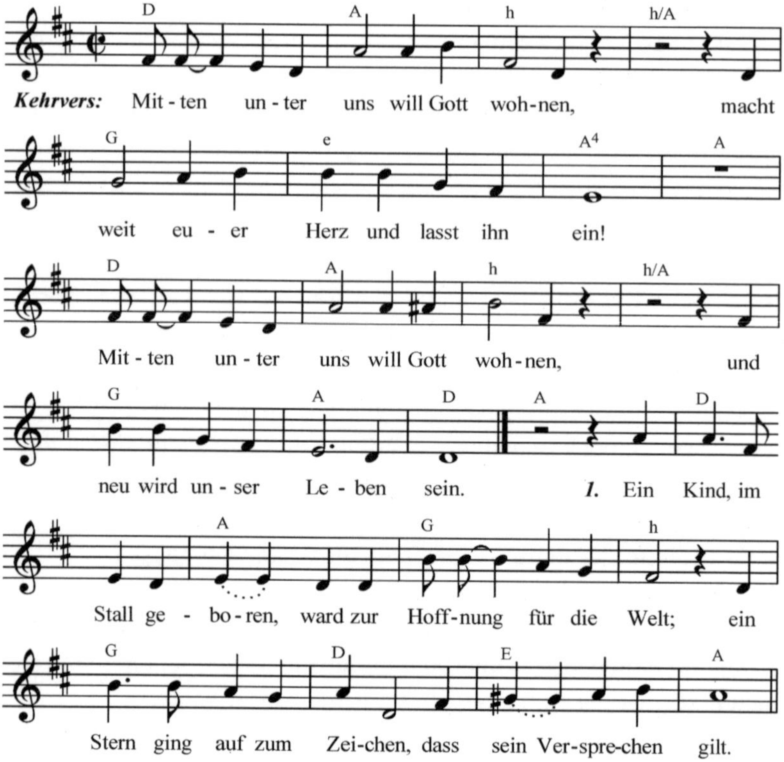
D A h h/A
Kehrvers: Mit - ten un - ter uns will Gott woh-nen, macht
G e A4 A
weit eu - er Herz und lasst ihn ein!
D A h h/A
Mit - ten un - ter uns will Gott woh - nen, und
G A D A D
neu wird un - ser Le - ben sein. 1. Ein Kind, im
A G h
Stall ge - bo - ren, ward zur Hoff-nung für die Welt; ein
G D E A
Stern ging auf zum Zei-chen, dass sein Ver-spre-chen gilt.

2. Er kommt in unsre Häuser, keine Hütte ist zu klein,
beim Lachen und beim Feiern will er bei uns sein.

3. Er teilt das Leid von allen ohne Obdach, auf der Flucht,
begegnet uns im Menschen, der ein Zuhause sucht.

4. Er klopft an unsre Türen, bittet um ein wenig Brot,
will uns die Augen öffnen für Menschen in Not.

5. So zeigt er neue Wege, die uns zueinander führn,
wo hier und da sich Himmel und Erde berührn.

Coloradino

Ob Gott blaue Hosen trägt und eine gelbe Mütze? Oder hat er vielleicht
eine rote Jacke an, geschlossen mit einem grünen Gürtel?
Komische Frage, wird da mancher denken. Aber die Bewohner der Stadt
Coloradino fanden diese Fragen ihrer Kinder gar nicht komisch, denn die
Kinder brachten damit alles in Unordnung ...
Aber ich will von vorn erzählen.
Coloradino war eine große Stadt mit vier Bezirken. Sie waren seit langer
Zeit durch hohe Mauern voneinander getrennt. Niemand kam auf die
Idee, den eigenen Bezirk zu verlassen. Man blieb unter sich, man hatte ja,
was man brauchte, und besser als hier konnte es nirgends sein.
Der erste Bezirk hieß bei seinen Einwohnern Blaumann-City. Ordentliche
und fleißige Menschen wohnten hier. Schon früh wurden die Kinder an
das harte Leben der Blaumänner gewöhnt, Frauen und Männer sagten
gleichermaßen: »Das Leben ist Arbeit!« Sie schufteten von früh bis spät.
Nur an einem Tag in der Woche versammelten sie sich in ihrem Gottes-
haus zum Dienst. So nannten sie es, wenn sie ihren Gott verehrten, von
dem sie ganz fest glaubten: »Gott ist da, wo Menschen ordentlich leben
und hart arbeiten.« Nur für diesen Gottesdienst hörten sie mit der Arbeit
auf. Aber manche kamen nicht einmal mehr dazu und sagten: »Ich kann
Gott auch bei der Arbeit ehren.«
Und das Größte für einen richtigen Blaumann war die Auszeichnung auf
seinem Grab: »Nur Arbeit war sein Leben.«

In jedem Jahr wurde die Mauer um Blaumann-City genau untersucht, Risse sorgfältig verschlossen und alles in dunklem Drillichblau gestrichen. Es ging eine heimliche Angst um. Die Angst vor der Muße. Nur hinter vorgehaltener Hand gebrauchten die Blaumänner dieses Wort, die Angst vor der ansteckenden Faulheit war zu groß. Und natürlich war sie ihrer Meinung nach jenseits der Mauer weit verbreitet!

Dort grenzte an einer Seite das Rotjackenviertel an. Zu allen Gelegenheiten trugen die Menschen dort rote Jacken, selbst die Schlafanzugjacken waren rot. Die Rotjacken waren sehr fürsorgliche Menschen. Nicht nur die Mütter, sondern auch die Väter waren Tag und Nacht damit beschäftigt, auf ihre Kinder aufzupassen. Wenn die Kinder dann mit 25 Jahren zum ersten Mal allein durch die Gassen des Rotjackenviertels gingen, durften sie das nur in Gruppen zu dritt. Falls etwas passierte, konnte jederzeit einer Hilfe leisten, und die anderen eilten, um Unterstützung zu holen. Die Rotjacken trafen sich einmal in der Woche in der Kapelle ihres Hospitals. Dort feierten sie ihren Gott, der ihnen Kraft zum Helfen gab. Der Priester segnete dann die Medizinbeutel, die sie immer um den Hals trugen.

Auch die Rotjacken hatten Angst vor den Nachbarn. Und wenn die Mauern des Viertels mit roter Farbe gestrichen wurden, mischten sie große Mengen von Desinfektionsmitteln darunter. Dabei trugen die Arbeiter natürlich einen Mundschutz. Die größte Angst herrschte nämlich vor unbekannten Krankheiten, die möglicherweise eingeschleppt werden konnten. Und kränklich waren die meisten Rotjacken von Kindesbeinen an.

Das konnte man von den Bewohnern im dritten Bezirk nicht sagen.

Im Grüngürtel lebten die Menschen von den Früchten ihrer Felder. Fruchtbar waren die Felder und ausreichend war das, was bei ihnen wuchs. Als Zeichen ihrer Verbundenheit zur Erde trugen die Bewohner immer einen grünen Gürtel. Sie ernährten sich bevorzugt von dunklem Brot, das überall in kleinen Backhäuschen gebacken wurde. Und so wehte an den meisten Tagen der Duft von frischem Brot und fruchtbarer Erde über dem Grüngürtel.

Niemand wird es verwundern, dass die Bewohner des Grüngürtels vorzugsweise auf freiem Feld unter großen Bäumen ihren Gott lobten, der ihnen Nahrung aus der Erde schenkte. Dann teilten sie das Brot miteinander und empfingen den Segen.

Leider war es aber in den letzten Jahren mit dem Teilen schwierig geworden. Immer mehr Familien hatten Zäune um ihre Felder gezogen. Das Misstrauen war gewachsen, und fast jede Familie aß ihr Brot allein.
Immer mehr Menschen sah man mit Brotbeuteln an ihren grünen Gürteln. Denn auf ihren Wegen über Land konnten sie nicht mehr damit rechnen, von den Nachbarn eingeladen und mit frischem Brot bewirtet zu werden. Auf einmal schien das Brot zur Mangelware zu werden.
Darum wurde auch die Angst vor den Nachbarn immer größer. »Wenn bei uns schon das Brot knapp wird, bei dem guten Boden, was passiert, wenn die von drüben kommen und auch noch was abhaben wollen?« Sie achteten also sehr genau darauf, dass niemand über die Mauer kam.
Die Nachbarn in Yellowtown störte das wenig. Sie lachten einander fröhlich unter ihren gelben Mützen an. Jahraus, jahrein lebten sie in den Tag hinein. Wenn die Sonne schien, tanzten sie singend durch die Straßen. Und selbst wenn es regnete, pfiffen sie unter ihren großen gelben Schirmmützen eine muntere Melodie.
Auch ihrem Gott sangen sie Lob und Preis. Wenn sie sich zur Feier versammelten, sangen sie Stunde um Stunde, Hymne für Hymne: »Gott ist mit uns, Gott ist mit den Sorglosen.«
Nichts konnte sie aus ihrer guten Stimmung reißen, es sei denn unvermeidliche Arbeit. Wenn die Dachrinnen undicht wurden, störte sie das nicht; erst wenn das Wasser ins Haus lief, bequemten sie sich zu einigen Flickarbeiten. Auf diese Weise entstanden eigenwillige, ja verrückte Bauten, die Yellowtown ein buntes Gepräge gaben. Dazu kam, dass auch die Straßen sehr vernachlässigt waren. Überall wuchs zwischen Steinen und Asphalt der gelbe Löwenzahn. Die Mauer zu den angrenzenden Vierteln wären wohl längst verfallen, wenn sie nicht von der anderen Seite so gut unterhalten worden wären. Von Yellowtown aus begnügte man sich mit langen Stützen, die das Schlimmste verhüteten.
Das Schlimmste, das war für die Gelbmützen das Arbeitsfieber. Hinter jeder Tätigkeit lauerte ihrer Meinung nach diese Gefahr. Und wenn von Blaumann-City lautes Hämmern herüberdrang, übertönten sie es sofort mit lautem Singen und Pfeifen.
So lebten die Bewohner von Coloradino friedlich nebeneinander her, wenn nicht, ja wenn nicht eines Tages ein Fremder aufgetaucht wäre. Er trug

über seiner blauen Hose eine rote Jacke, verschlossen mit einem grünen Gürtel. Auf dem Kopf hatte er eine gelbe Mütze. Die Erwachsenen bemerkten ihn zunächst gar nicht, war er doch ihrer Ansicht nach korrekt gekleidet: Der Blaumann sah die blaue Hose, die Rotjacken waren auch zufrieden, ebenso wie die Bewohner des Grüngürtels nur auf den breiten Gürtel achteten. Und den Bewohner von Yellowtown reichte allemal die weithin leuchtende gelbe Mütze. Sie waren viel zu viel mit sich selbst beschäftigt.

Nur die Kinder wurden neugierig auf diese seltsam fremd gekleidete Gestalt und sie kamen zu ihm. Der Fremde setzte sich zu ihnen und erzählte ihnen Geschichten. Er erzählte davon, dass Gott hier in Coloradino Wohnung sucht. Das klang interessant, und es warf für die Kinder viele Fragen auf. Besonders beschäftigte sie: Wie wird er aussehen? Woran werden wir ihn erkennen? Und, was wird er zu unserem Leben zu sagen haben?

Der Fremde hörte den Kindern zu und antwortete ihnen.

Aber seine Antworten waren nicht immer die gleichen!

Den Blaumannkindern erzählte er davon, dass Gott auch Freude daran hat, wenn Menschen spielen und singen.

Den Grüngürtelkindern erzählte er von einer Welt, in der es immer genug Brot für alle gibt, weil die Menschen wieder beginnen zu teilen.

Den Rotjackenkindern machte er Mut. Spielt und tobt, erkundet die Welt, Gott ist bei euch mit seinem Segen, habt keine Angst!

Auch den Kindern von Yellowtown schaute er lange beim Spielen zu. Und immer wenn sie aufhören wollten, weil es anstrengend wurde, dann machte er ihnen Mut: »Ihr schafft es! Gott hat euch Hände und Füße gegeben, damit ihr etwas schaffen könnt, alles hat seine Zeit.«

In der folgenden Zeit hatten viele Kinder in Coloradino einen Traum. Sie träumten von einer Stadt voller Farbenpracht, die Menschen dort lebten und arbeiteten miteinander, sangen und spielten nach Feierabend, teilten das Brot und halfen einander in der Not. Auch die Kinder durften mitbauen, keiner hatte Angst um sie. In der Mitte der Stadt bauten sie ein buntes Haus. Mit blauen Mauern, grünen Fenstern und Türen, einem roten Turm und einem gelben Dach. »Es ist Gottes Haus«, sagten sie, »Gott wohnt bei den Menschen.«

»Welch ein Quatsch«, sagten die Großen, als die Kinder davon erzählten, aber die Kinder machten sich auf die Suche.

Und eines Tages kam es, wie es kommen musste: Ein Blaumannjunge strolcht an der Grenzmauer entlang, dort, wo die Mauer zu Yellowtown hinüber einen scharfen Knick macht und an die Grenzmauer zum Rotjackenviertel stößt. Gerade will er es sich in diesem ruhigen Eckchen etwas gemütlich machen, da hört er von der anderen Seite eine fröhliche Melodie. Was ist das? Er kann ja nicht wissen, dass auf der anderen Seite ein Mädchen mit einer gelben Mütze auf dem Kopf ihr Lied singt. Das Mädchen wiederum ist stehen geblieben und überlegt, was da wohl auf der anderen Seite passiert. Und während sie noch überlegt, hört sie von der anderen Seite das Klopfen eines Hammers. Es ist der kleine Blaumannjunge, der drüben im Eck begonnen hat, ein Loch in die Mauer zu meißeln. Das fällt ihm sehr leicht, denn die Mauersteine auf der Yellowtownseite sitzen ganz locker. Schon bald bricht mit Gepolter ein großes Stück heraus. »Aua!«, schreit er, denn die Lücke, die er da in die Mauer gebrochen hat, ist so groß, dass er sich vor Schreck auf den Daumennagel geschlagen hat. Und was passiert nun? Ein roter Arm streckt sich durch das Mauerloch und eine Stimme fragt: »Kann ich dir helfen?« Es ist ein Rotjackenjunge, der dem Blaumannjungen ein Pflaster entgegenstreckt. Neugierig geworden vom Hämmern ist er ebenfalls an die Mauer gekommen. Jetzt will auch das Grüngürtelmädchen nicht länger warten, denn es will wissen, was da für ein Lärm auf der anderen Seite ist. Mit vereinten Kräften schieben und drücken die Kinder weitere Steine aus der Mauer, bis sie sich alle hindurchzwängen können. Nun stehen sie alle in Yellowtown und schauen sich mit großen Augen an. Das Grüngürtelmädchen zupft verlegen an seinem Gürtel, und dann holt es frisches Brot aus seinem Beutel und teilt es aus. Alle Kinder nehmen von dem Brot und essen. Kein Kind sagt etwas. Plötzlich müssen sie lachen. Das Mädchen aus Yellowtown nimmt seine Mütze ab und streift sie dem Rotjackenjungen über. Alle probieren die Mütze auf und gemeinsam pfeifen sie das Gelbmützenlied.
»War da nicht letztens einer bei uns, der eine blaue Hose, eine rote Jacke, einen grünen Gürtel trug und eine gelbe Mütze aufhatte?« Sie schauen sich an. »Ja, bei uns war der auch!«
Da beginnt der Blaumannjunge von seinem Traum zu erzählen. »Stellt euch vor: Ich habe wirklich geträumt, dass Gott bei uns wohnen will. Und die Menschen haben ihm ein Haus gebaut.«

»Ja, und in meinem Haus wurden die Steine lebendig; grüne, gelbe, rote und blaue Steine tanzten miteinander!«, fährt das Gelbmützenmädchen fort.

»Lebendige Steine, so lebendig wie wir!«, ruft das Grüngürtelmädchen. Und sie fassen sich an und tanzen um einen dicken Stein aus der Mauer. Das muss wohl ein Eckstein gewesen sein. Und wenn man genau hinschaut, kann man ein wenig gelb, ein bisschen mehr blau, aber auch grüne und rote Farbe auf ihm entdecken.

Am Abend verabschieden sich die Kinder und kehren heim zu ihren Eltern. Natürlich erzählen sie zu Hause, was sie miteinander erlebt haben. Und was sagen die Eltern? Die Eltern schimpfen: »Haben wir euch nicht verboten, an der Mauer zu spielen? Geht da bloß nicht wieder hin!« Aber die Kinder erzählen es natürlich ihren Freundinnen und Freunden weiter.

Immer mehr Kinder kommen zu der Stelle, wo die Mauer ein Loch hat. Ein paar Tag später mauern die Erwachsenen das Loch wieder zu. Aber es nützt gar nichts, die Kinder finden immer neue Risse. Wie die Spechte klopfen sie an der Mauer.

Schließlich lassen sich auch immer mehr Große die Geschichte von dem Fremden erzählen. Dann schütteln sie den Kopf und fragen sich: Warum haben wir ihn gar nicht bemerkt?

Und schließlich spricht einer aus, was viele schon ahnen:

Nichts wird mehr so sein wie vorher.

Und siehe da, es dauert nicht lange, da hört man Blaumänner bei der Arbeit singen.

Und einige Gelbmützen fangen an, sich Gedanken über die Gestaltung von Yellowtown zu machen.

Grüngürtelfamilien werden dabei beobachtet, wie sie Zäune zwischen ihren Feldern abbauen.

Und eine Rotjackenfrau erlaubt ihrem Kind, allein auf einen Baum zu klettern, obwohl sie nicht einmal ihren Medizinbeutel dabei hat!

Das Rotjackenkind steigt hoch hinauf und schaut weit über Coloradino.

Von oben ruft es seiner Mutter zu: »Dahinten, dahinten kommt ein Mensch, der hat eine rote Jacke an wie ich. Sie ist mit einem grünen Gürtel zugebunden und darunter trägt er eine blaue Hose.

Und was meinst du, was er auf dem Kopf hat?«

6. Miteinander leben, das kann schön und schwer sein

Geschichten vom Zusammenleben

Kinder haben ein sicheres Gespür für Abhängigkeit auf der einen Seite und dem Streben nach Selbstständigkeit auf der anderen Seite. Sie wissen um die Notwendigkeit des Zusammenlebens und haben meist eine größere Offenheit aufeinander zuzugehen als Erwachsene. In ihrem Streben nach Eigenständigkeit stehen sie häufig in der Gefahr, sich selbst absolut zu setzen, so, wie sie das in der Welt der Erwachsenen sehen und kennen lernen.

Dieser Abschnitt bietet vor allem Geschichten von Begegnungen von Menschen, die durch äußere Ereignisse in Beziehung zueinander kommen. Das gilt sowohl für Menschen aus unterschiedlichen Gesellschaftsschichten als auch für Menschen aus unterschiedlichen Nationen und Kulturen.

In den Erzählungen geht es um Wege des Miteinanders, der Toleranz und des sozialen Ausgleichs, die zu begehen notwendig sind, um Frieden und Zusammenleben zu ermöglichen.

Und sie sind erwachsen aus der Beschäftigung mit Texten der Bibel, in denen uns Gott in Gestalt seiner Propheten und Jesus als ein leidenschaftlicher Streiter für einen gerechten Ausgleich von Reich und Arm gegenübertritt.

Und doch, bei aller Schwere, die dieses Thema atmet, sind darunter auch Erzählungen, die uns den Spiegel vorhalten und lachen lassen.

Der Sohn des Königs

Der König eines großen Landes war alt geworden. Bevor sein Sohn das Reich erben sollte, wollte er sich noch einmal vergewissern, ob die Menschen in seinem Land auch nach seinen Geboten handelten. Er war stets gütig zu ihnen gewesen, und er wollte, dass auch die Menschen gütig zueinander sind. Die Armen sollten genug haben für ein Leben in Würde, die Kranken versorgt sein, die Gefangenen anständig behandelt werden, und selbst die Fremden sollten mit Gastfreundschaft rechnen dürfen. Es war schließlich für alle genug da, dafür hatte der König gesorgt. Und so sandte er seinen Sohn, als armen Menschen verkleidet, in das Reich.

Vor dem Tor einer großen Stadt setzte dieser sich an den Brunnen. Es dauerte lange, bis eine Frau ihm einen Krug mit Wasser zum Trinken reichte. Am Abend, als er schon fast wieder zurückkehren wollte zum Schloss, kam ein Bauer vom Feld. Er sah den Königssohn vor dem Tor sitzen, abgerissen und hungrig. »Fremder, die Nacht wird zu kalt, um hier draußen zu schlafen. Komm mit mir, mein Haus ist groß genug, übernachte bei mir, genug zu essen ist allemal da.« Da war der Königssohn froh, denn er hatte schon geglaubt, alle Menschen würden verächtlich an ihm vorübergehen.

Des Morgens machte er sich wieder auf den Weg in eine andere Stadt. Vor einem Hospital traf er eine junge Frau. Diese sah, dass seine Füße wund waren vom langen Wandern. Außerdem fror er erbärmlich; es war Herbst geworden und seine Kleider waren dünn und zerrissen. So nahm die Frau ihn mit, wusch und verband ihm die Wunden. Dabei erzählte sie ihm ihr Leid: »So viele kranke Menschen gibt es hier, doch keiner kümmert sich. Ich brauche Hilfe, aber die meisten Menschen hier haben ein Herz aus Stein und denken nur an ihr Geld. Nur wenige wissen, wem sie ihren Reichtum zu verdanken haben.«

Sie schickte ihn zu einem vornehmen Herrn, der hatte ein gutes Herz und schenkte ihm einen neuen, warmen Mantel.

Aber es sollte noch schlimmer kommen. Auf dem Markt wurde der Königssohn gefangen genommen und verdächtigt, einen reichen Kaufmann bestohlen zu haben. Die Wache sperrte ihn in den Turm.

Nach einem Monat sorgte sich der König und schickte seine Herolde aus, um den Sohn zu suchen. Diese gelangten schließlich in die Stadt und hörten von der Frau im Hospital vom Schicksal des Königssohnes. So kam es, dass er wieder freigelassen wurde.

Ein paar Jahre später war es dann so weit: Der Prinz wurde zum König gekrönt. Zum Zeichen der Dankbarkeit feierte er ein großes Festmahl. Seine Gäste jedoch suchte er selbst aus.

Als diese nun geholt wurden von seinen Boten, waren sie alle sehr verwundert und sprachen: »Warum gerade ich?«

Da trat der König vor seine Gäste, erhob sein Glas und sprach:
»Seid willkommen an meiner Festtafel.

Ich war hungrig, und ihr gabt mir zu essen.

Ich war durstig, und ihr habt meinen Durst gestillt.

Ich war nackt, und ihr habt mich bekleidet.

Ich war krank und gefangen, und ihr habt mich besucht.

Ich war fremd, und ihr gabt mir Herberge.«

Wieder schauten sich die Gäste ratlos an: »Wann haben wir dich hungrig und durstig, nackt und krank, gefangen oder fremd gesehen?« Da antwortete der Königssohn: »Ich wollte als ein Geringer unter euch wohnen, und es ist mir schlecht ergangen. Ich war mitten unter euch, ihr aber habt mich nicht erkannt. Und doch habt ihr euch meiner angenommen, ganz selbstverständlich, und habt getan, was notwendig war. Und was immer ihr einem dieser meiner geringsten Geschwister tut, das tut ihr mir.«

Nach Matthäus 25,40

Impuls zur Weiterabeit

Die einzelnen Begegnungen des Königs können pantomimisch nachgestellt werden. Als Beispiele für Menschen, die ohne viel Nachdenken das Nötige tun, eignen sich die weiteren Geschichten dieses Kapitels, insbesondere »Augen für das Wichtige«, S. 96.

Das Gleichnis vom reichen Mann und dem armen Lazarus

In einem großen Haus lebte einst ein reicher Mann. Mit seinen dicken Mauern spendete das Haus auch in der größten Hitze noch kühlen Schatten. Er kleidete sich wie ein König, mit Purpur und den feinsten Stoffen. Jeder Tag war für ihn ein Festtag. Seinen Reichtum genießen, das war sein Lebenssinn. Nur dafür hatte er Augen, sonst sah er nichts.

Vor seiner Haustür aber lag Lazarus, ein armer Mann. Er war schwer krank. Sein ganzer Körper war voller schmerzhafter Geschwüre. Schutzlos

89

lag er da, im Staub und in der Hitze der Straße, Tag für Tag. Nicht einmal gegen die Straßenhunde konnte er sich wehren. Er hoffte auf Gott: » Herr, hilf mir!« Tag für Tag lag er vor der Tür des Reichen. »Ob für mich etwas abfällt?« Manchmal ging die Tür auf und mit dem Staub wurden die Speisereste aus dem Hause des Reichen auf die Straße gefegt.

Eines Tages nun starb Lazarus. Alles wurde anders. Nun war er gut aufgehoben. An Gottes Festtafel durfte er sitzen, in Abrahams Schoß. Gott hat geholfen. Auch der Reiche starb. Aller Reichtum war für ihn nun wertlos geworden. Er wurde begraben. In seinem Leben hatte er nicht nach Gottes Willen gefragt, nun kam er an einen einsamen Ort, fern von Gott, in quälender Hitze. So, wie die Hitze und der Staub der Straße, die er zeit seines Lebens gemieden hatte. In seiner Qual suchten seine Augen nach Wasser. Und da sah er von weitem Lazarus in Abrahams Schoß sitzen. Und er schrie laut: »Vater Abraham, hilf mir, ich verdurste. Bitte, schicke Lazarus zu mir, nur ein paar Tropfen Wasser für meinen vertrockneten Mund soll er mir bringen. Ich halte es nicht aus in dieser Hitze.«
Da antwortete Abraham ihm: »Mein Sohn, denk an dein Leben. Alle Tage hattest du Gutes in Überfülle. Lazarus vor deiner Tür aber ist es schlecht ergangen. Nun ist es umgekehrt. Er hat Trost gefunden bei Gott, und dich quält die Hitze. So verschlossen dein Haus für das Elend vor deiner Tür war, so tief ist nun der Graben zwischen euch. Es gibt keinen Weg von hier nach dort.«

Da fleht der Reiche: »Abraham, sende Lazarus in mein Haus. Ich habe fünf Brüder, er soll sie warnen. Ihnen sollen diese Qualen erspart bleiben.«
Abraham aber antwortet: »Sie kennen Mose und die Propheten, sie sagen Gottes Willen: Liebe deinen Nächsten, gib denen, die hungrig sind.«
»Nein, Vater Abraham, es muss erst einer von den Toten auferstehen und zu ihnen gehen. Nur dann werden sie Gottes Willen erkennen und umkehren.« Abraham antwortete: »Wenn sie nicht auf Mose und die Propheten hören, dann kann niemand sie zur Umkehr bewegen. Selbst wenn er von den Toten auferstünde.«
Jesus macht uns aufmerksam auf den Armen vor unserer Haustür, damit wir ihn nicht übersehen. Er lädt uns ein, den Willen Gottes zu erkennen.

So hat Lukas es aufgeschrieben. Arme und Reiche brauchen einander, gegenseitig.

Lukas 16,19-31

Störung beim Mittagessen

»Komm, Herr Jesus, sei du unser Gast, und segne, was du uns bescheret hast. Amen.« So beginnt wie an jedem Tag das Mittagessen. Frank und Sabine sind ausgehungert und können es kaum erwarten. Die Mutter hat heute ihr Lieblingsessen gekocht, Spaghetti mit Tomatensoße. Sabine hat sich gerade den Teller gefüllt, Frank reagiert ärgerlich: »Lass mir auch noch was übrig!«

Da schellt es an der Tür: »Wer kann das nur sein um diese Zeit?«, fragt Frank ungehalten. »Das ist bestimmt schon wieder dieser Heinz! Der kommt doch immer zu solchen unmöglichen Zeiten!«

Heinz, keiner von uns kannte seinen Nachnamen. Eine Zeit lang hat er mal in der Nähe gewohnt. Allein in einem Haus, das nun abgebrochen ist. Nun weiß niemand mehr genau, wo er wohnt. »Ob er überhaupt eine Wohnung hat?«, fragt Sabine. Heinz kommt einmal in der Woche, dann bekommt er von der Mutter zwei Euro. Er kauft sich davon eine Erbsensuppe, sagt er. Aber Sabine weiß es mal wieder besser: »Der kauft sicher Bier dafür, beim letzten Mal hat er jedenfalls sehr nach Alkohol gerochen. Und überhaupt, war er nicht vorgestern erst da?«

Vater: »Du musst langsam aufpassen, sonst kommt er jeden Tag.«

Es schellt zum zweiten Mal. Die Mutter steht auf und geht zur Tür. Am Tisch macht sich schlechte Laune breit. »Das Essen wird kalt!«, ruft der Vater nach draußen. Nach einiger Zeit fällt die Tür ins Schloss und die Mutter kommt wieder herein.

»Siehst du, hab ich doch gesagt, der Heinz!«, grinst Frank.

Sabine: »Langsam wird er unverschämt.« Die Mutter antwortet: »Er hat eben Hunger, so wie ihr! Außerdem, haben wir nicht immer genug zu essen? Esst doch jetzt, bevor es kalt wird. Uns geht es so gut, der Heinz hat noch nicht einmal ein Dach über dem Kopf.«

Der Vater wird nachdenklich: »Und Arbeit findet er so schnell auch nicht mehr in seinem Alter. Er hat damals keinen Beruf gelernt, musste schnell

Geld verdienen nach dem Krieg. Und jetzt steht er auf der Straße, wie so viele andere.« Frank: »Die sitzen dann in der Einkaufsstraße und betteln!« Mutter: »Ja, da sitzen sie dann, unser Heinz, Lazarus und all die anderen. Und uns geht es so gut, manchmal denke ich, ob das so richtig ist?« Sabine fragt: »Lazarus, der lebt doch nicht bei uns in unserer Stadt, hat nicht Jesus von ihm erzählt?« – »Ja, manche Geschichten bleiben lebendig, nur die Namen wechseln. Dieser Heinz, über den wir uns so oft ärgern, wenn er mir gegenübersteht mit seinen wartenden Augen, dann erinnert er mich jedes Mal an diese Geschichte vom reichen Mann und dem armen Lazarus. Und wenn wir beten: Komm, Herr Jesus, sei du unser Gast ..., dann müssen wir vielleicht auch mit unerwarteten Gästen rechnen.«

Impuls zur Weiterarbeit

Die letzten beiden Erzählungen sind in Verbindung miteinander erzählt. Die Erzählung aus der Gegenwart kann darum auch als Hinführung zum Gleichnis genutzt werden.

Gestrandet

Es war ein heißer Tag in den Sommerferien. Nico und Gianna hatten es sich unter dem Vordach der Scheune gemütlich gemacht und spielten im Sand. Ihr Vater war schon früh mit dem Traktor in die Weinberge gefahren. Und auch die Mutter hatte sich aufgemacht, um in der Stadt einzukaufen.

Gianna wurde plötzlich unruhig. »Nico, schau mal, da war etwas!« – »Gianna, es ist immer dasselbe mit dir. Wenn Mama fort ist, siehst du überall Gespenster! Vielleicht war es ein Huhn?« »Nein, Nico, ich habe ganz deutlich einen Kopf gesehen; einen Mann mit schwarzem Haar.« »Gianna, hör auf, oder hast du schon zu viel Sonne abbekommen?« Sie spielten weiter, doch Gianna war unruhig. Immer wieder schaute sie hinüber zur Hausecke. Plötzlich stutzte auch Nico, nun hatte auch er ein Gesicht gesehen. »Bleib ganz ruhig Gianna, wir tun so, als ob wir spielen. Mal sehen, was passiert. Da ist wirklich jemand.«

Nach einer Weile schauten zwei Gesichter hinter der Hausecke hervor. Und als sie sahen, dass nur die beiden Kinder dort waren, kamen sie hervor. Immer wieder drehten sie sich nach allen Seiten um und gingen auf die Kinder zu. Jämmerlich sahen die beiden aus. Ihre Hosen waren zerrissen, einer hatte kein Hemd an, der andere trug die Reste eines T-Shirts. Beide liefen barfuss, die Füße von Dornen und Steinen aufgerissen und blutverkrustet. Sie sprachen eine fremde Sprache, doch ein Wort konnten die beiden Kinder sofort verstehen: »Wasser, bitte Wasser!«.

Die Kinder schauten sich an. Gianna hatte beim Anblick dieser armseligen Gestalten ihre Furcht verloren. Ihr kam eine Idee. »Moment, Moment!«, rief sie und lief in Richtung ihres Hauses. »Ich komme gleich wieder!« Nico machte eine einladende Geste und bat die beiden, sich auf eine Bretterbank in den Schatten der Scheune zu setzen.

Die beiden Fremden blickten sich verwundert an und setzten sich. Nicos Blick fiel auf ihre geschundenen Füße. Wie lange mochten die beiden Fremden schon gegangen sein? Aus ihren Augen sprach die Angst. Immer wieder schauten sie sich um, als ob sie verfolgt würden.

Bald kam Gianna mit einem großen Krug kühlen, frischen Wassers. Abwechselnd tranken sie in großen Schlucken. »Wo sind Papa und Mama?« Gianna schaute Nico an. »Papa und Mama kommen gleich wieder.« Doch wie sollte es nun weitergehen? Die beiden brauchten Hilfe, frische Kleidung und warmes Wasser zum Reinigen der Wunden.

Während Gianna den Fremden noch einmal den Krug mit Wasser reichte, machte Nico eine Handbewegung, die bedeuten sollte: »Wartet einen Moment!« und lief los.

Gianna war neugierig geworden: »Woher kommt ihr?« – »Mit einem Schiff gekommen, aus Albanien.« Nur mühsam fanden sie Worte, die Gianna verstehen konnte. »Wir sind auf der Flucht. In Albanien ist es gefährlich für uns. Unser Vater und unser Bruder sind getötet, und nach uns suchen sie auch.« – »Aber ihr seid hier in Sizilien, warum lauft ihr noch immer weg?« – »Eure Polizei glaubt uns nicht, sie will uns wieder zurückschicken, nach Albanien. Wir haben Angst!« Inzwischen war Nico wieder zurückgekehrt. Er hatte zwei Paar alte Hosen und Hemden vom Vater dabei; dazu eine Schüssel mit warmem Wasser und ein altes Handtuch, aus dem er geschickt Streifen riss. Gianna erzählte ihm, warum die beiden auf der Flucht waren.

Während diese sich ihre wunden Füße säuberten, überlegten Gianna und Nico, was zu tun war. »Wir werden sie erst einmal in der Scheune verstecken; oben, wo das Heu vom letzten Jahr lagert. Da kommt keiner hin.« Die Mahlzeiten der Familie gestalteten sich in den nächsten Tagen sehr merkwürdig. Den Eltern blieb der ungeheure Appetit ihrer Kinder natürlich nicht verborgen. Besonders wunderten sie sich, dass die Kinder auch noch für die Nacht einen Vorrat an Brot und Käse verlangten. Nach drei Tagen entdeckte der Vater die beiden Fremden in der Scheune.

War nun alles vergeblich? Nein, Kinder wie Gianna und Nico haben Eltern mit einem weiten Herz. Kurz entschlossen luden sie die beiden in ihr Haus. Nun mussten sie ihre ganze Geschichte erzählen.

»Ihr dürft sie nicht fortschicken!«, die Kinder ließen nicht locker. Schließlich hatte der Vater einen Entschluss gefasst: »Natürlich können wir die beiden nicht für immer hier verstecken. Irgendwann werden sie gefunden. Ich weiß, was ich tun werde. Mama und ich haben noch ein wenig Erspartes. Wir werden nach Syrakus fahren und einen Anwalt suchen. Eure Freunde sollen ein richtiges Gerichtsverfahren bekommen, damit sie ihren Asylantrag stellen können.«

Es kam zur Verhandlung. Der Anwalt konnte beweisen, dass der Vater und der Bruder tatsächlich ermordet worden waren und sie in Albanien zu Unrecht verfolgt wurden. Ihr Asylantrag wurde angenommen. Sie durften als freie Bürger in Italien bleiben. Sie wurden nicht zurückgeschickt, wie so viele andere, die mit ihnen auf dem Schiff geflohen waren.

Auf dem Hof von Nicos und Giannas Familie fanden sie ein neues Zuhause. Natürlich hoffen die beiden, dass sie eines Tages zu ihrer Familie zurückkehren können.

Doch Nico und Gianna werden immer ihre Freunde sein.

Impuls zur Weiterarbeit

Die Idee zu dieser Geschichte verdankt sich einer Agenturmeldung. Vielleicht finden die Kinder weitere Meldungen, auf deren Basis neue Geschichten entstehen.

Nur mal angenommen

Elif sitzt in der Klasse und weint. »Jetzt ist es mit meiner Geduld vorbei!«
Die Lehrerin ist ärgerlich. »Schon wieder hast du deine Aufgaben nicht
gemacht, und das Geld für den Ausflug hast du auch vergessen. Jetzt
darfst du nicht mitfahren.«
Christian sitzt gegenüber von Elif. »Das ist gemein«, denkt er, und er sieht
Elifs Tränen. Sicher, es stimmt, Elif hat selten alle ihre Aufgaben dabei.
Aber die Lehrerin sagt ja selber, dass es für Elif sehr schwer ist. Ihre Eltern können ihr nicht helfen, und der ältere Bruder hat auch keine Zeit
mehr, seit er in der Lehre ist. Darum versteht Christian die Aufregung gar
nicht. Aber er sagt nichts. Was sollen schließlich die anderen denken! In
der letzten Woche, als Elif krank war, da hat er ihr die Einladung zum
Klassenausflug vorbeigebracht. Da musste er sich von den anderen einigen Spott gefallen lassen.
Mal angenommen, die Mutter merkt zu Hause, dass den Christian etwas
bedrückt. Und der Christian erzählt von Elif, von den vielen vergessenen
Aufgaben und der Strafe. Christian und seine Mutter überlegen: »Was
meinst du, Christian, soll ich nicht mal mit der Lehrerin sprechen?
Vielleicht kann Elif einmal in der Woche zu uns kommen, dann machen
wir die Aufgaben zusammen.«
Mal angenommen, die Mutter spricht mit der Lehrerin und die Lehrerin
redet mit Elifs Vater. Jedoch, es passiert nichts, der Vater von Elif geht auf
das Angebot nicht ein. Darüber ärgern sich Christian und seine Mutter.
Mal angenommen, Elif und ihr Vater fahren eines Tages mit dem Bus in
die Stadt. An der nächsten Haltestelle steigen Christian und seine Mutter
und setzen sich auf die Bank gegenüber. Elif schaut verstohlen ihren Vater
an und sagt nichts. Christian blickt zuerst einmal nach hinten in den Bus.
Gut, dass keiner von den Jungs aus meiner Klasse dabei ist, sonst würden
sie morgen wieder über mich herziehen! Christian und Elif tun so, als ob
sie sich nicht kennen. Aber es ist gar nicht so einfach, immer aneinander
vorbeizuschauen! Christians Blicke bleiben an einem Plakat hängen:

»NEHMET EINANDER AN,
WIE CHRISTUS EUCH ANGENOMMEN HAT.«

Das versteht Christian nicht. Auf dem Hintergrund des Plakates sind Fotos von Menschen. Viele Fremde sind darunter.

Einmal angenommen, die Mutter sieht die fragenden Blicke ihres Sohnes. »Das wäre schön, wenn uns das gelingen würde! Jesus hat damals nicht geschaut, ob einer reich oder arm, groß oder klein, dunkel- oder hellhäutig ist. Er hat ihnen in ihr Herz geschaut. Dann haben die Menschen seine Wärme gespürt, seine Liebe, die von Gott kommt. Und sie verstanden sich, obwohl sie sich fremd waren.«

Mal angenommen, der Christian schaut jetzt verstohlen zu Elif hinüber und flüstert seiner Mutter ins Ohr: »Das ist manchmal ganz schön schwer! Weißt du, das ist nämlich Elif aus meiner Klasse.« Und auch Elif flüstert mit ihrem Vater und sie lachen freundlich herüber. Und dann gibt er sich einen Ruck: »Entschuldigen Sie, ich bin der Vater von Elif, und Sie sind sicher die Mutter von Christian. Gut, dass wir uns kennen lernen. Ja, für uns ist so vieles fremd in Ihrem Land. Bei uns in der Türkei erzählen wir uns etwas, damit wir uns kennen lernen. In Deutschland erzählen die Menschen so wenig. Aber ich glaube, ich habe verstanden, was Sie gesagt haben. Solche freundlichen Worte tun uns allen gut. Sie wissen, wir haben eine andere Religion. Und unsere Sitten sind anders. Es ist nicht so leicht, meine Tochter einfach zu Menschen zu schicken, die ich nicht kenne. Bitte, kommen Sie doch mit Ihrer Familie zu uns zum Tee. Ich möchte, dass Elif in der Schule geholfen wird.«

Impuls zur Weiterarbeit

Diese Geschichte gibt ein Beispiel, wie der von Paulus im Römerbrief 15,7 postulierte Satz in der Erfahrungswelt der Kinder mit Leben erfüllt werden kann. Gleichzeitig bietet sie einen Einstieg in den Dialog mit Menschen aus anderen Kulturen und Traditionen des Miteinanders.

Augen für das Wichtige

Eigentlich konnte es nur ein langweiliger Samstagmorgen werden, Großeinkauf mit den Eltern stand auf dem Programm. Nina befürchtete schon das Schlimmste. Jedoch, es kam ganz anders.

Schon im Bus zur Innenstadt hatte sie ein merkwürdiges Erlebnis. Ein älterer Herr, Nina schätzte ihn so auf das Alter ihres Opas, stieg in den Bus und verlangte eine Fahrkarte nach Berlin. Nina wartete gespannt auf die Antwort des Fahrers. Der lachte zunächst, doch als sich der alte Herr nicht von seinem Vorhaben abbringen ließ, wurde er laut. » Sie wollen mich wohl auf den Arm nehmen? Machen Sie, dass Sie fort kommen!« Wenn nicht eine junge Frau von hinten gekommen wäre, wer weiß, was geschehen wäre? Sie kannte den alten Herrn von ihren Besuchen im Seniorenheim. Er stammte wohl aus Berlin und konnte sich in seiner neuen Umgebung nicht mehr zurechtfinden. Drei Haltestellen weiter stiegen sie aus. Die Frau geleitete den Herrn in das Wohnheim auf der gegenüberliegenden Straßenseite.

In der Stadt herrschte ein großes Gedränge. »Müsst ihr denn vor jedem Schaufenster stehen bleiben?« Nina wurde es sehr schnell langweilig. Doch dann blieb ihr Blick an einem jungen Mann haften. Er saß auf einem alten abgerissenen Mantel und lehnte sich an die Wand zwischen zwei Schaufenstern. Vor sich hatte er eine leere Büchse stehen. Neben ihm standen drei Plastiktüten, in denen er seine ganze Habe aufbewahrte. Sein Blick sprach die gleiche Sprache wie das speckige Pappschild, das er vor sich hielt: ICH HABE HUNGER.

Ninas Hände verschwanden verlegen in der Manteltasche. Unvermittelt spürte sie ein Geldstück in der Hand. Von Frau Schmittke hatte sie es bekommen. Einmal in der Woche kaufte sie für ihre Nachbarin ein, weil sie selbst nur noch sehr schlecht gehen konnte. Und jedes Mal, wenn Nina vom Einkauf zurückkam, hatte Frau Schmittke eine Überraschung, mal ein Glas kühle Limonade im Sommer oder eine Tasse Kakao im Winter, manchmal auch ein Markstück, eingewickelt in Seidenpapier.

Dann saßen die beiden zusammen und Frau Schmittke erzählte Nina Geschichten aus ihrer Kindheit. Nina hörte ihr immer gern zu, denn sie konnte gut erzählen.

»Los, Nina«, die Eltern holten sie aus ihren Gedanken an Frau Schmittke. »Komm schon, träum nicht!« Aber da saß ja noch der hungrige junge Mann. Nina fühlte das Markstück in ihrer Hand.

»Typisch Erwachsene, für die vielen Schaufenster haben sie endlos Zeit, aber wenn ich was ganz Wichtiges entdecke, dann drängeln sie!«

Nina riss sich kurz entschlossen los und ging zu dem jungen Mann. Sie schaute ihn an und legte ihm ihre Mark in die Büchse. Der junge Mann lächelte sie an und nickte ihr zu.

Am Abend muss Nina noch einmal an den jungen Mann denken. »Warum haben Menschen in unserem Land nichts zu essen? Unsere Läden sind doch alle voll bis oben hin. Da stimmt doch was nicht!«

Die Mutter schaut Nina nachdenklich an: »Vielleicht, weil wir nur noch Augen für uns haben. Dann merken wir nicht mehr, dass Helfen und Teilen auch Freude machen kann.«

Nina schaut ihre Eltern an: »Ich glaube, ich würde auch für Frau Schmittke einkaufen, wenn ich nichts von ihr bekäme, außer ihren schönen Geschichten.«

»Da geht es dir so wie deiner Mutter«, sagt der Vater, »sie geht auch gern zu deiner Tante und passt auf den Kleinen auf.«

Die pflichtet ihm bei: »Stimmt eigentlich, meine Schwester kann in Ruhe ihre Besorgungen machen und ich habe meine Freude an dem Kleinen.«

»Und du, Papa, wann geht dir das so?«, fragt Nina.

Zusammen hat es Sinn

Eine Geschichte für Menschenkinder, die ihre Sinne beieinander haben

Es waren einmal zwei Ohren, eine Nase, zwei Augen, ein Mund und zwei Hände. Überall hießen sie »Die fünf Sinne«. Die fünf Sinne also saßen miteinander an ihrem Lieblingsplatz und an diesem Tag langweilten sie sich furchtbar. »Uuuhhh!«, gähnte der Mund und zeigte alle seine Zähne, »mir ist sooo langweilig.«

»Sei still!«, wackelten die Ohren, »wir können dein Gemaule nicht mehr hören.«

»Was soll denn das«, reckte sich die Hand, »müsst ihr euch schon wieder streiten? Das ist ja zum Weglaufen mit euch!«

»Weglaufen? Jetzt fangt ihr schon wieder an!«, meldete sich die Nase.

Sie war beleidigt, weil die anderen sie oft mit ihrem Schnupfen ärgerten.

»Und überhaupt«, schnäuzte sie los, »ich kann euch auch nicht mehr riechen!«

»Wer spricht denn da?«, taten die beiden Augen ahnungslos, »wir können dich gar nicht sehen!« Und ihr Blick schweifte in die Ferne.

»Ooch, schau mal da hinten am Horizont! Was würde ich darum geben, einmal nur dort zu sein!«, klimperte eines der Augen mit seinen Wimpern.

»Ach, was du immer siehst!«, maulte es von unten. »Wenn ich an das viele gute Essen denke, das ich nicht bekomme, nur, weil du mir nichts davon sagst!«

»Ja, ja, ich sehe was, was du nicht siehst!«, klimperten die Augen, und dem Mund lief schon bei dem Gedanken an gutes Essen das Wasser im Munde zusammen. »Jetzt ist endgültig Schluss, ich hau ab!«, knurrte der Mund noch einmal und machte sich auf den Weg.

»Ihr seid wirklich zum Weglaufen«, reckte sich da die eine Hand, aber es half nicht mehr.

Der Mund zog seines Weges, bis er an ein Haus gelang. Mit ein wenig Mühe fand er auch den Eingang, ging hinein und setzte sich an einen großen Tisch.

»Mhhh!« Er schnalzte mit der Zunge, denn der Tisch war mit allerlei Leckereien gedeckt. Frisches Brot, süße, saftige Weintrauben, Äpfel und Kuchen; es gab alles, was er sich nur wünschte.

Das war ein Kauen und ein Schmatzen, ein Schlürfen, Genießen.

Da störte kein Ohr, durch das er hörte: »Nun benimm dich aber mal anständig und schmatz nicht so laut.«

Kein Auge, das sich wichtig machte: »Nun achte mal auf die anderen, die müssen schließlich auch noch was abbekommen!«

Nein, der Mund war ganz für sich allein und genoss und genoss, tja bis ... bis er so bei sich dachte: »Merkwürdig ist es aber doch. Kein Auge erzählt mir, wie es aussieht, keine Nase erzählt mir, wie gut es duftet. Wo sie nur sein mögen?«

Das Auge war unterdessen bis dorthin gelangt, wohin es von seinem Lieblingsplatz schauen konnte.

Und es erkannte, dass die Welt hinter dem Horizont nicht zu Ende war.

Am Rande des großen Meeres stand das kleine Auge und schaute und staunte: »So weit und so groß ist die Welt!« Und das kleine Auge nahm all die schönen Eindrücke von der großen weiten Welt in sich auf. Die Wellen am Strand und das Wasser bis zum Horizont, die Vögel am Himmel und die kleine schöne Blume.

Es konnte sich gar nicht satt sehen an all den schönen Dingen, nur schauen und genießen und genießen und schauen.

Aber dann dachte das Auge an die Nase, denn es war niemand mehr, dem es von all den schönen Dingen erzählen konnte.

Wenn mir doch die Nase sagen könnte, wie schön die Blume duftet, das tut sie doch sonst immer. »Nase, wo bist denn du?«, rief da das Auge laut.

Die Nase konnte das natürlich nicht hören, aber merkwürdig, auch die Nase hatte gerade an das Auge gedacht. Sie war auf einer wunderschönen Wiese angelangt. In der warmen Frühlingssonne wehte ein starker Geruch vom Rapsfeld herüber. Auf der Wiese blühten Blumen über Blumen. Die Nase ging und schnupperte und schnupperte und ging.

»Hatschi!« Da hatte sie doch tatsächlich etwas zu viel geschnuppert.

Aber seltsam, nun fehlte ihr das Auge, über das sie sich so sehr geärgert hatte.

Schließlich war es das Auge, das der Nase immer ganz ausführlich von den Farben der schönen Blümchen erzählte. Die Nase konnte ja nur daran riechen.

Und überhaupt, wo war das Ohr? Das Ohr konnte von den vielen anderen Dingen erzählen, die die Nase gar nicht erreichten: von den Vögeln am Himmel, vom Plätschern des Baches und vom Rauschen des Windes.

Dem Ohr war das ziemlich egal, denn dem Ohr ging es gut:
Töne von allen Seiten, Töne über Töne,
und kein Mund quatschte dazwischen.
Und das Ohr freute sich daran, nur noch Töne zu hören,
sich zu freuen und sich im Rhythmus der Musik zu wiegen.
Auch wenn da manch seltsamer Ton dabei war, im Moment war das dem Ohr ganz egal.
Nach einiger Zeit hörte es von weitem ein lautes Plätschern,
und gerade wollte das Ohr wie gewohnt zur Hand sagen:

»Ob da ein Bach ist? Fühl doch mal, ob das Wasser warm oder kalt ist!«
Da merkte das Ohr, dass es ganz allein war;
und selbst das andere Ohr war weit weg.
Und es wackelte leise vor sich hin: »Allein hören ist auch langweilig!«

Eine der beiden Hände war tatsächlich an einem Wasser angelangt.
Sie tanzte im Wasserstrahl und machte die schönsten Kunststücke.
»Endlich mal ganz frei und ungebunden!«
Die andere Hand tastete sich vorsichtig durch das Gelände,
denn da war kein Auge, das es hätte warnen können.
Und die Hand bekam allerhand zu spüren. Schöne Dinge spürte es, den
weichen Sand und die geschmeidigen Kieselsteine, die sich in der Sonne
aufgewärmt hatten.
Aber es stieß sich auch an der harten Rinde des Baumes, und an manchem
harten Stein zerkratzte sich die Hand ihre Haut.
Und gerade, als sie den anderen ihr Missgeschick klagen wollte, da merkte
die Hand: »Ich bin ja ganz alleine! Wer erzählt mir denn jetzt, wie das Wasser
plätschert, das hier so schön sprudelt? Wer erzählt mir denn vom Gesang der
Vögel im Baum, dessen Rinde ich spüre? Und wer erzählt mir von dem Geruch der Blumen in der Wiese, die ich zwischen meinen Fingern fühle?
Wer erzählt mir von all der Schönheit, ich kann doch gar nichts sehen!«
Und die eine Hand lief so lange, bis sie die andere Hand fand. Nun waren
sie immerhin schon mal wieder zu zweit.

Und sie sprangen gegeneinander, wie sie das früher oft getan hatten.
Klatschen nannten das die Ohren.
Und die Hände klatschten und klatschten und klatschten.
»Vielleicht kann uns das Ohr ja hören!« Sie wünschten es sich so sehr.
Und tatsächlich, von weitem drang das Klatschen bis zu den Ohren.
»Das können nur die Hände sein!«, dachten sie und machten sich auf die Suche.
Sie gingen immer weiter in die Richtung, aus der sie das Klatschen hörten.
Und da, plötzlich erblickte sie erst ein Auge und bald darauf das andere
Auge. Die beiden kamen auf sie zu. Und die Ohren erzählten den Augen
von dem Klatschen der Hände und fragten sie: »Helft uns suchen! Wir hö-
ren es klatschen!«

»Dahinten, ich sehe etwas!«, rief das eine Auge und wollte schon los.

»Aber halt«, sagten die Ohren, »wir müssen doch erst noch die Nase finden!«

»Aber das ist doch ganz leicht!«, sagte da das andere Auge, »ich sehe die Nase schon, sie läuft dort ganz allein über die Wiese.«

»Und der Mund muss auch irgendwo in der Nähe sein!«, meldeten sich die Ohren. Und tatsächlich kam auch gerade der Mund schmatzend aus dem Haus, dick und rund und voll gefuttert.

»Und da sind auch die beiden Hände!«, klimperten die Augen aufgeregt. Und sie liefen ihnen entgegen.

Die Hand schnappte sich kurzerhand den Mund und alle miteinander kehrten sie zurück auf ihre Wiese.

Wie lange mögen sie weg gewesen sein?

Alles sah so verändert aus und doch waren sie ganz sicher: »Das ist unser Platz!«.

Alle machten es sich wieder auf ihrem Lieblingsplatz gemütlich.

Bis spät in die Nacht erzählten sie sich von ihren Abenteuern.

Und eines wussten sie ganz genau:

Allein wollten sie das nicht noch einmal machen,

denn nur zusammen macht es Spaß.

Auge und Ohren, Nase und Mund und Hände –

nur zusammen können sie wirklich etwas Schönes erleben.

Impuls zur Weiterarbeit

Diese Erzählung kann zunächst in einem Rollenspiel der fünf Sinne vertieft werden.

Darüber hinaus können Parallelen zu 1 Kor 12,17 gezogen werden, wo Paulus die Gaben der einzelnen Menschen in der Gemeinde mit den Gliedern und Sinnen an einem Leib vergleicht.

7. *Gut, dass es mich gibt!*

Geschichten von der Freude am Leben

Unbeschwerte Freude am Dasein, oft wird sie Kindern zugesprochen, manchmal mit dem Hinweis auf die eigenen Erfahrungen, die den Verlust solcher Unbeschwertheit bedeuteten.

In diesem eher dem Sommer zugeordneten Kapitel finden sich Erzählungen, die etwas anderes behaupten und damit auf ihre Weise Gottes Spuren in unserem Leben aufzeigen. Sie sind Einladung, zusammen mit den Kindern auf das zu hören, was uns in unserem Leben geschenkt ist. Eine Einladung zum Wahrnehmen des »Hier und Jetzt«, wie das besonders Kinder können, und solche Menschen, die das Kind in sich bewahrt haben.

Es sind Geschichten, die zum Verweilen einladen und dabei den Reichtum entdecken lassen, den uns Gott mit unseren Kindern, aber nicht nur mit ihnen, geschenkt hat.

Hat die Sonne ein Gesicht?

Es war einmal ein kleines Mädchen, das saß am Tisch und malte ein schönes Frühlingsbild mit grünen Bäumen, bunten Blumen und Vögeln am blauen Himmel. Und gerade, als es einen großen gelben Ball an den Himmel gemalt hatte, schien draußen die Sonne hinter einer Wolke hervor, und ihre Strahlen fielen durch das Fenster auf das Bild des kleinen Mädchens.

»Schau mal, Papa, die Sonne schaut mir zu, wie ich sie male!« Und seine Hände spielten mit Licht und Schatten auf dem Tisch.

Der Papa las und hatte nicht gut zugehört. Aber weil die Sonne so freundlich in das Zimmer schien, sagte er hinter seiner Zeitung: »Die Sonne freut sich bestimmt über dein Bild!«

»Ob die Sonne sehen kann? Ob sie Augen hat?« Das kleine Mädchen überlegte, wie es nun weitermalen sollte. Dann malte sie große lachende Augen in ihre Sonne.

»Die Sonne lacht doch!«, sagte sie, »da muss sie doch ein Gesicht haben, sonst kann sie doch nicht lachen!« Und das ganze Zimmer war erfüllt von den warmen Strahlen der Sonne.

Impuls zur Weiterarbeit

Die Kinder malen zu dieser Geschichte ihre Sonnenbilder.

Das Geheimnis der Bahnhofsuhr

»Mama, das Taxi ist da!« Jenni läuft in den Flur und schnappt sich ihren Rucksack. »Nun kommt schon, jetzt geht es endlich los in die Ferien!« Doch Mama rennt noch ganz aufgeregt durch die Wohnung. »Jenni, hast du die Regenjacken auch eingesteckt? Karl-Heinz, nun komm endlich, immer muss alles auf die letzte Minute passieren!«

Sie nimmt eine Reisetasche und steigt mit Jenni ins Taxi. Endlich hat auch Jennis Vater die Koffer im Taxi verstaut, ab geht es zum Bahnhof. »Meine Güte, schon halb zwölf! Hoffentlich fährt der Zug nicht ohne uns ab!«

Am Bahnhof herrscht großes Gedränge, alle Welt scheint heute zu verreisen. Überall sieht man Kinder mit Rucksäcken, junge und alte Menschen mit schweren Koffern drängeln zu den Zügen. Mühsam bahnt sich der Vater einen Weg zum Bahnsteig. Als sie endlich oben ankommen, sind sie ganz außer Puste. »Puh, das war aber knapp!«

Von weitem hört man schon den Zug. Die Leute drängeln mit ihren Taschen und Koffern an die Bahnsteigkante, jeder will der Erste sein.

Der Zeiger der Uhr wandert auf die 12. Jenni schaut auf die Bahnhofsuhr. »Mama, die Uhr ist gerade stehen geblieben!« Einige drehen sich zu Jenni um, schauen auf die Uhr und schütteln den Kopf. Aber tatsächlich, um 11.59 Uhr hat die Bahnhofsuhr nach dem kleinen Schritt des Sekundenzeigers auf die 12 eine kleine Pause gemacht, bis auch der Minutenzeiger auf die 12 gesprungen war.

Gespannt wartet Jenni auf die nächste Minute. Als der Sekundenzeiger wieder seine kleine Pause macht, schließt sie die Augen und atmet ganz tief ein. Und eine Frau, die das mit bekommen hat, lacht Jenni an und sagt:»Wie schön, diese Uhr gönnt sich in jeder Minute eine kleine Pause und kommt doch nicht aus dem Takt.«

Nun ist der Zug eingefahren. Jenni blickt noch einmal zurück, und da sieht sie, wie in der ganzen Hetze ein Schaffner ganz ruhig ein Stück die Treppe hinuntergeht und einer alten Dame ihren schweren Koffer in den Zug trägt. Gerade, als die Uhr ihre nächste kleine Pause macht, hört Jenni ihn sagen:»Nur keine Eile, ohne uns beide fährt der Zug nicht los.«

Drinnen im Abteil sinken nun auch Vater und Mutter erschöpft, aber glücklich in die Sitze. Jenni sieht aus dem Fenster die Kelle des Zugführers, los geht die Fahrt. Andere Familien kommen mit ihrem Gepäck auf den Bahnsteig. Kinder warten aufgeregt auf den nächsten Zug, Erwachsene drängeln, andere sitzen und lesen in der Zeitung; ...

Und immer noch gönnen sich die Uhren auf dem Bahnhof in jeder Minute eine kleine Pause zum Verweilen in der Zeit.

Impuls zur Weiterarbeit

Auf einer Pappscheibe malen die Kinder ein Zifferblatt. Dazu schneiden sie aus einem schmalen Streifen Zeiger aus. Diese Zeiger werden in der Mitte des Zifferblattes mit einer Musterbeutelklammer befestigt. Nun können die Kinder ihre »Lieblingszeiten« einstellen und einander erzählen.

Harry Hurtig und sein Wettlauf mit der Zeit

Kennt ihr die Geschichte von Harry Hurtig? Sie ist schnell erzählt, schnell, wie sein Leben war.

Jeden Morgen um sechs springt Harry Hurtig aus dem Bett. Rums, hat er sich den Kopf an der Mansardendecke gestoßen; egal, Hauptsache es geht schnell. Die Stoppuhr um den Hals gehängt, auf den Knopf gedrückt und ab unter die Dusche. Autsch, die Seife brennt in den Augen; egal, der frühe Vogel fängt den Wurm. In der Küche kocht das Wasser, schnell ein Löffel Kaffeepulver und runter damit im Stehen. Mann, ist das heiß, aber Zeit gespart! Schwupps, den Mantel an der Tür geschnappt, so ein Mist, der Aufhänger ist abgerissen. Ab geht's durch das Treppenhaus.

Holterdiepolter, die Tasche von Frau Meier war im Weg. Die stolpert und alle Eier platschen über die Stufen; egal, Zeit ist Geld!

... so geht das den lieben langen Tag lang.

Um siebzehn Uhr sieben dreht sich der Schlüssel im Schloss. Harry Hurtig ist wieder daheim.

Völlig außer Atem fällt er in den Sessel. Ein Blick auf die Stoppuhr: »Dreiundfünfzig Minuten gespart! Sehr gut, aber warum wird mir denn auf einmal so schwarz vor den Augen?«

In diesem Moment steht die Nachbarin in der Tür.

Harry Hurtig hatte sie weit offen stehen lassen. Sie hört einen dumpfen Knall.

»Herr Hurtig, was ist los?« Vorsichtig geht sie hinein. Herr Hurtig liegt vor dem Sessel und brabbelt irgendein wirres Zeug von einem Konto auf der Zeitsparkasse. Die Stoppuhr auf seiner Brust tickert, die Zeigen drehen sich wie wild. Ratsch, da ist sie kaputt.

»Armer Herr Hurtig«, denkt die Nachbarin, »als wenn er eine Sekunde festhalten könnte!«

Vorsichtig hebt sie ihn in den Sessel. »Ich habe da eine Idee! Ich werde ganz gemütlich mit ihm zu Abend essen.« Sie geht in die Küche und schaut nach seinen Vorräten. Aber sie findet nur Dosen, Tütensuppen und Kaffeepulver.

Alles muss sie holen. Schließlich bringt sie auch noch eine Kanne mit frischem, duftenden Kaffee.

Herr Hurtig schnuppert den Duft, reibt sich die Augen – und dann springt er auf: »Die Zeit, meine Güte, die Zeit, wo ist sie hin?«

»Nun setzen Sie sich erst einmal, trinken gemütlich eine Tasse Kaffee mit mir und essen etwas.« »Jawohl, sofort!« Herr Hurtig nimmt die Tasse und springt auf. »Im Stehen geht's schneller!« Höflich aber bestimmt drückt ihn die Nachbarin zurück auf den Sessel. »Nun genießen Sie mal das Essen.«

»Genießen, was ist das? Und überhaupt, diese roten Kugeln, aus welcher Apotheke sind die denn?« »Aber Herr Hurtig, das sind doch Kirschen!« »Und aus welcher Fabrik kommen die gelben gelochten Scheiben?« »Ja, kennen Sie das denn nicht, das ist leckerer Käse, den essen wir jetzt zu unserem Brot!«

So weit die schnell erzählte Geschichte von Herrn Hurtig.

Wenn ich weitererzählen soll, brauche ich viel Zeit. Denn Herr Hurtig hat von seiner Nachbarin viel gelernt: Das Genießen, gemütliches Essen, sich Freuen am Leben; kurz gesagt, alles, was länger braucht.

Frisches Quellwasser

Früh am Morgen schaut Thomas aus dem Fenster. »Heute ist gutes Wetter, heute können wir es wagen.« Nach dem Frühstück ziehen Thomas und seine Mutter ihre Wanderschuhe an. Beide wissen: Es wird ein schwerer Weg auf den Gipfel, den sie sich da ausgesucht haben.

Und doch ziehen sie vergnügt los. Zunächst steigt der Weg langsam an; er ist breit und gut ausgebaut. Aber zunehmend wird er schmaler und steiniger. Einen engen Durchstieg müssen sie bewältigen, in dem es noch dunkel und neblig ist. Die Sonne hat diesen Einschnitt noch nicht erreicht. Aber in der kühlen feuchten Luft geraten sie trotzdem ins Schwitzen. Schon stolpert der Junge über die Steine. Die Beine werden ihm schwer. »Autsch!« Ein vorstehender Ast am Wegrand hat ihm das Knie zerkratzt. Die Fröhlichkeit und Zuversicht vom Morgen ist gewichen. Stumm gehen sie hintereinander her.

Endlich haben sie das Ende des Durchstiegs erreicht und werden mit einem ersten schönen Ausblick für die Mühe belohnt. Doch der Aufstieg bleibt steil und steinig. »Puh, das geht ja ganz schön steil hoch«, denkt die Mutter. Auch ihr werden die autogewohnten Beine schwer. »Jetzt nur nicht schwach werden, sonst hält Thomas nicht durch.«

»Mama, ich habe Durst! Lass uns eine Pause machen!« – »Du, noch ein kleines Stück. Wenn wir um den Berg herum sind, kommen wir zu einer Quelle. Lass uns dort ausruhen!« »Ich kann nicht mehr«, Thomas stolpert mehr, als dass er geht. Aber er beißt auf die Zähne, er will seine Mutter nicht enttäuschen, er will es schaffen. Hoffentlich stimmt das mit der

Quelle, denkt er, vielleicht will sie mich ja nur trösten? – »Mama, und das stimmt wirklich mit der Quelle?« »Genau weiß ich es auch nicht mehr, aber ich kann mich ganz schwach erinnern. Ich habe selbst solch einen Durst.«

Hinter einem Vorsprung mündet der schmale Pfad auf eine kleine Wiese am Hang. »Dort, du hast Recht, da sprudelt Wasser aus dem Felsen!« Gar nicht mehr so müde springt Thomas über die Wiese und trinkt mit tiefen Schlucken. Das frische Wasser schmeckt wunderbar. Es kühlt die ver-kratzten Beine, erfrischt das Gesicht. Sie sitzen auf der Wiese und schauen in das Tal.

»Da ist unser Weg.« Wie eine Schlange windet er sich den Berg hinauf. »Das haben wir zusammen geschafft. Und jetzt schöpfen wir vom frischen Wasser der Quelle und genießen den herrlichen Ausblick.« Sie packen die mitgebrachten Dinge aus dem Rucksack. Auf dem ausgebreiteten Tuch sieht es wie eine kleine Festtafel aus. Und es schmeckt. Mit ihren Augen verfolgen sie den Flug eines Adlers. Wie schwerelos schwebt er hoch über dem Tal und öffnet ihnen den Himmel und ihr Herz.

Die Mutter lacht ihren Sohn an: »Schön ist es hier zu sitzen, miteinander zu reden und zu essen. Das könnte öfter sein!«

Impuls zur Weiterarbeit

Einzelne Motive dieser Geschichte finden sich in den Versen von Psalm 23, z.B. »Er erquickt meine Seele und führt mich zum fri-schen Wasser.«

8. *Die Welt ist schön, die hat bestimmt der Gott gemacht*

Geschichten vom Staunen über Gottes Schöpfung, vom Bewahren und Teilen

Die Überschrift dieses Kapitel entstammt einem Gespräch mit Kindern. Sie zeigt, dass Kinder im Blick auf die Fähigkeit der Erwachsenen zur Gestaltung der Welt eher pessimistisch sind.

Aber, die Kinder können und wollen die Erwachsenen nicht aus diesem Auftrag entlassen. Die erste Geschichte beschreibt dies. Dabei möchten die Kinder mit der ihnen eigenen Energie und ihren Möglichkeiten beteiligt werden. Sie möchten gefordert werden, ohne als Lückenbüßer für die Verfehlungen der älteren Generation geradestehen zu müssen.

Nur: eine einseitige, geradezu gesetzliche Betonung des Auftrages der Bewahrung der Schöpfung an Kinder verhindert eher das Erreichen des Zieles. Zunächst geht es darum, mit den Kindern Gottes Spuren in seinem Garten der Schöpfung zu entdecken. Über das Staunen und Begreifen kommt es zu einer Haltung der Dankbarkeit für das Geschenk der Schöpfung. Und über die Wertschätzung des Geschenkes kommt es zum verantwortlichen Umgang mit diesem Geschenk.

Zugänge zum Erntedankfest vermitteln dabei zwei Texte zum Symbol »Brot«.

Zum Erntedank gehört auch das Teilen aus der Erfahrung der Fülle. Dabei können wir Erwachsene oft von den Kindern lernen. Diese Aspekte werden sowohl in Geschichten mit Motiven aus einem Schöpfungspsalm bzw. Texten aus dem Neuen Testament als auch mit Texten aus der Lebenswelt der Kinder entfaltet.

Lisa und ihr Lobgebe(e)t

Zu den schönen Stunden im Urlaub mit den Eltern gehören für Lisa die
Abendspaziergänge an der Steilküste. Dann ist klare Sicht weit hinaus auf das
Meer. Die Luft ist erfüllt von dem Auf und Ab der Wellen, deren Brandung
sich am Strand bricht. Tief darüber ziehen die Wolken und leuchten in den
flammenden Farben der untergehenden Sonne. Immer neu entstehen große
Fantasiegebilde, die sich ständig verändern. Langsam wird es kühl, aber in
den Steinen ist noch die Hitze der Mittagssonne gespeichert. Es ist schön,
einfach auf den warmen Steinen zu liegen, zu schauen und sich zu freuen.
Das tut der kleinen Lisa gut: »Da, die rote Wolke sieht aus wie eine große
Kutsche mit vielen weißen Pferden davor. Ob Gott manchmal über den
Himmel zieht mit den Wolken? Bestimmt macht er das abends, wenn alles
so schön angeleuchtet ist von der Sonne.«
»Lisa, jetzt geht wieder deine Fantasie mit dir durch!«
»Ach, Mutti, lass mich doch mal. Wie stellt ihr euch Gott denn vor?«
Die Eltern schauen sich verlegen an. Zum Glück erwartet Lisa keine Ant-
wort. »Wenn die Wolken dahinziehen und die Strahlen der Sonne alles feu-
errot einfärben, dann stelle ich mir vor: Gott hat sein Abendkleid an, einen
weiten schönen Mantel mit vielen Gold- und Silberfäden und er leuchtet
in allen Farben. So macht Gott seinen Abendspaziergang und schaut sich
seine liebe Erde an.«
»Ja, aber ob er sich daran so freut?«, wendet der Vater ein. Er ist jetzt richtig gespannt auf die Ideen seiner Tochter.
»Doch, ein bisschen freut er sich bestimmt noch. Da ist die Erde mit ihren
Bergen und Tälern und das riesige Meer. Alles hat er geschaffen, damit
seine Geschöpfe darin leben können. Hier im Meer die Fische und die
Krebse und Muscheln. An den Ufern die Möwen und die Regenpfeifer.
Überall verschiedene Tiere, passend zu jedem Klima. Und weil die Tiere
zu fressen brauchen, hat er all die schönen Pflanzen wachsen lassen. Das
Gras für die Kühe, die Bäume für die Waldtiere und die Blumen für die
Bienen. Gott hat es gerne schön auf seiner Erde, darum hat er seinen We-
sen ganz viele Farben gegeben.«
»Nur die Menschen haben es wohl noch nicht begriffen«, die Mutter schaut
nachdenklich die Küste hinunter, wo im Dunst die Schornsteine eines gro-

ßen Kraftwerkes in den Himmel ragen. »So viele Bäume gehen schon kaputt, wer weiß, wie es noch wird?«

»Ihr Großen seid aber auch manchmal schwierig. Erst sagt ihr: Wer weiß, wie lange das noch weitergeht mit der Erde. Aber dann macht ihr weiter, als wäre nichts. Ihr zum Beispiel fahrt so oft mit dem Auto. Wenn ich groß bin, erfinde ich ein Auto, das nur mit Sonnenenergie fährt. Mit dem Licht der Sonne, das hat uns unsere Lehrerin erklärt. Oder ich fahre einfach mit dem Fahrrad. Ich finde Bäume nämlich wichtiger als Autos.«

Dem Vater geht vieles im Kopf herum. Seine Arbeit, bei der er sieht, wie viel Strom gebraucht wird, um all die Dinge herzustellen, die das Leben bequem machen. Wer will schon freiwillig zurückstecken? Und vor allem: Wer fängt damit an?

Aber diesmal kommt er nicht dazu, seine Einwände zu äußern, denn Lisas Fantasie ist in vollem Schwung: »Wenn so viele Menschen wissen: Es muss sich was ändern, sonst machen wir Gott seine Erde kaputt, warum tun sie dann solche dummen Dinge?« Lisa schaut ihre Mutter an. Die zuckt mit den Schultern und sagt: »Vielleicht, weil sie meinen, sie könnten es ohne Gott besser schaffen. Sie sagen: Mit Gebeten ist uns nicht geholfen. Aber dann vergessen sie Gott manchmal ganz bei ihrer Arbeit.«

»Das mit dem Gebet ist eine gute Sache. Ich werde zu Hause in unserem Garten auch ein Gebet pflanzen, damit wir Gott nicht vergessen.«

»Aber Lisa, ich glaube, jetzt hast du deine Mutter nicht verstanden; ein Gebet ist doch was anderes, als du meinst. Wenn ich Gott lobe, weil ich mich an der Welt freue. Oder wenn ich Gott klage, worüber ich traurig bin. Das ist ein Gebet. Was du meinst, ist ein Beet!«

»Aber ich pflanze trotzdem ein Beet mit schönen bunten Blumen. Denn Gott hat es gerne schön, sonst würde er nicht so tolle Lichtkleider anziehen am Himmel. Dann heißt mein LobgeBe(e)t im Garten eben: Gott, das hast du gut gemacht mit deiner Erde, danke schön!«

Der Vater schüttelt lachend den Kopf und freut sich über seine Tochter. »Ich bin schon gespannt auf Lisas LobgeBe(e)t! Schaut, die ersten Sterne sind zu sehen.«

Lisa kuschelt sich zwischen ihre Eltern und blinzelt in den Himmel. Die Sonne ist untergegangen. Die ersten Sterne funkeln am Himmel. »So groß ist Gottes Welt!«

Die Mutter drückt Lisa ganz fest an sich und sagt: »Und so unzählig wie die Sterne am Himmel, so unzählig sind auch die Menschen. Gott kennt alle seine Kinder trotzdem mit Namen. Lisa, wenn du magst, helfe ich dir bei deinem LobgeBe(e)t. Hat Gott nicht gesagt: Ihr seid alle eingeladen, die Schöpfung zu bewahren?«

Nach Motiven aus Psalm 104

Impuls zur Weiterarbeit

Je nach Jahreszeit kann diese Erzählung im Garten »umgesetzt« werden. Ein kleines Beet wird von den Kindern gestaltet, als sichtbares Lob- und Dankgebet. Und wenn im Frühjahr die Sonnenblumen gesät werden, können sie zum Erntedankfest als Feststrauß das Haus oder auch den Altar in der Kirche schmücken.

Und alle wurden satt ...

Wir waren unterwegs zu diesem Jesus von Nazareth.
Meine Frau, meine Kinder und ich. Wir hatten so viel von ihm gehört und wollten nun wissen: wer ist das, von dem einige sagen: das ist der, den Gott uns versprochen hat. Wir hatten nur ein wenig Proviant mit, wollten schon mittags zurück sein. Ich muss sagen, ich war skeptisch, aber dann habe ich es gesehen: Der Sohn unseres Nachbarn ist wieder gesund, geheilt, nachdem er bei Jesus war. Offensichtlich waren viele Menschen von dem Wunsch ergriffen, Jesus zu sehen. Wir schlossen uns ihnen in der Hoffnung an, dass die schon wussten, wo Jesus ist. Am Fuße eines Berges stockte es. Unserer Tochter wurde es bald langweilig bei uns in der Menge. Sie lief vor, ich musste ihr folgen.
Lange musste ich nach ihr suchen. Als ich sie finde, ist sie schon ganz vorne. Tatsächlich, dort sitzt Jesus im Kreis der Jünger. Ich sehe ihr Problem: sie sprechen über das Essen. Einer kramt im Beutel. Was er wohl überlegt. Brot, für alle diese Menschen? so fragt es aus seinem Gesicht. Und ich denke bei mir: Gut, dass ich einen kleinen Vorrat habe! Aber was ist das? Ein Junge kommt mit einem Korb in den Kreis der Jün-

ger. Er stellt seinen Korb vor Jesus hin: Es sind fünf Brote und zwei Fische. Er stellt den Vorrat für die ganze Familie dorthin! Was der Vater wohl dazu sagen wird? Jesus steht auf und gibt den Menschen ein Zeichen. Setzt euch alle, setzt euch zusammen. Eine spannungsvolle Erwartung legt sich über die vielen, vielen Menschen, während sie sich lagern. Jesus nimmt ein Brot, so wie wir es zu Hause tun: Er hält es hoch und spricht das Dankgebet. »Gott, unser Vater, danke für das Brot, das du uns schenkst.« Und dann bricht er das Brot und er kommt auf mich zu und er gibt mir ein Stück. »Für dich, nimm und iss!«

Ich schaue und kann gar nicht anders, ich nehme, ich esse und gebe weiter: nimm und iss. Auch aus meinem Beutel nehme ich Brot: da, Bruder, nimm und iss.

Eine wohltuende Ruhe legt sich über den Hügel. Die vielen Menschen um mich herum, auf einmal wirken sie gar nicht mehr fremd auf mich. Die angenehmen Strahlen der Nachmittagssonne leuchten in die Gesichter. Der Geschmack des Brotes und der Geruch, der vom See herüberkommt. Es ist gut, bei Jesus zu sein, ganz weit ist mein Herz geworden. Er muss es sein, der Messias, den Gott uns schickt, Gottes Sohn. Und er hat mir das Brot gereicht, für alle ist genug, hat er gesagt. Und ich esse, und ich gebe weiter. So wird das Leben gut. Das ist meine Geschichte, die hat mich verändert. Jesus, Brot des Lebens für die Welt.

Johannes 6,1-10

Der Traum des kleinen Weizenkorns

Schaut mich an! Ich bin ein kleines Weizenkorn, klein und unscheinbar, aber in mir steckt eine große Kraft! Woher ich komme? Ich weiß es nicht genau. Aber ich ahne etwas: Da war ein anderes Korn, irgendwann einmal wurde es in die Erde gelegt. Das Wasser und die Wärme der Sonne haben es geweckt, und es hat sich entfaltet, ist gewachsen und gereift unter der Glut der Sonne, gebleicht und gewaschen im Regen. Der Bauer hat es geschnitten und gedroschen.

Nun waren es viele Körner und eines davon bin ich. Das ist meine Geschichte. Das ist unser Lebenssinn.

Oder kann aus mir noch etwas anderes werden; etwas, bei dem meine Kraft anderen gut tut? Ich will nicht bei mir bleiben. Was ich mir vorgenommen habe, ist schwer, darum werde ich mir andere Körner suchen. Ich schaffe es nicht allein. Meine kleine Kraft reicht dafür nicht aus. Dazu muss ich sogar meine Hülle verlassen. Ich weiß, das klingt hart, aber um meine Kraft mit den Kräften der anderen zu vereinigen, muss es geschehen. Erst im gemahlenen Mehl kann meine Kraft Neues bewirken.

Aus vielen Körnern ist Mehl gemahlen worden. Damit es weitergeht, wird das Mehl mit Wasser vermengt. Ohne Wasser gibt es kein Leben. Wasser reinigt. Alles, was stört, wird ausgewaschen. Alles, was der Entfaltung meiner Kraft entgegensteht, wird fortgespült. Wasser verbindet. Mit Wasser vermengt werden wir zu einem Teig geformt. Die kräftigen Hände des Bäckers kneten und vermischen den Teig. Mit flinker Hand wird noch Hefe und ein wenig Salz untergemischt. Von neuem werden wir vermengt. Im Dunkeln und im Warmen abgestellt brauchen wir nun Zeit.

Nun spüre ich es ganz deutlich: Es geschieht eine Verwandlung. Ich wachse, wir wachsen über uns hinaus. Dabei sind wir uns unserer Stärke bewusst. Und dann ist da noch die Würze des Salzes, es kitzelt in der Nase. Wenn ihr es hören könntet, ihr würdet staunen. Lauter kleine Bläschen platzen. Das ist unser Lachen. Das ist unsere Freude über unsere Kraft, die wir spüren.

Zu großen Laiben geformt kommt dann eine harte Probe auf uns zu. Das Licht der Sonne, das mich als Korn wachsen ließ, erfahre ich nun in der Glut der Holzscheite im Ofen. Die Flamme schlägt nach mir. Die Hitze verschlägt mir den Atem. Die Wärme geht mir durch und durch. Ich habe Angst, Todesangst. Ist alles vorbei, war alle Veränderung vergeblich? Nein, eine letzte Verwandlung geschieht. Das Feuer brennt, aber es verbrennt mich nicht.

Auch das hat seinen Sinn. Durch das Dunkel der Todesangst bin ich nun, wovon ich zu träumen gewagt habe: Ein Brot! – Welch ein Reichtum und welch eine Hoffnung!

Doch: Wo das Brot allein bleibt, ist es nicht nütze.

Erst als geteiltes Brot kann ich meine Kraft weitergeben. Welch ein Auftrag! Als Brot bin ich Zeichen für Jesus Christus, denn er hat gesagt: Ich bin das Brot des Lebens. – Und alle, die zu ihm kamen, wurden satt an Leib und Seele.

Anvertraute Gaben

Jesus erzählt ein Gleichnis:
Hört mir zu, die ihr von Gottes Reich wissen wollt. So geht's zu, wenn Gottes Liebe wachsen möchte.

Es lebte ein reicher Herr, der machte sich auf zu einer großen Reise in ferne Länder. Darum rief er seine Knechte zu sich und sprach: »Seht her, ich vertraue euch mein Vermögen an. Arbeitet damit, bis ich wiederkomme!« Jedem Knecht gab er ein Talent Silber, eine große Geldsumme. Er hatte sie in kleinen Säckchen vor sich stehen. Die Knechte staunten nicht schlecht, als er sich verabschiedete und sie allein zurückließ.

»Seht nur«, sagte einer von ihnen, »welch' großes Vertrauen er in uns setzt.«

»Ja, er traut uns eine Menge zu«, stimmte ihm sein Nachbar zu.

»Nun tragen auch wir Verantwortung. Hoffentlich gelingt es uns.« Der dritte Knecht schien sehr unsicher.

Der Erste aber bestärkte ihn und sagte: »Das hoffe ich auch, dass es gelingt! Nun sag' einmal selbst, ist es nicht besser, selbst entscheiden zu können, als immer nur auf Befehle zu gehorchen?«

»Ja, nun können wir zeigen, dass er uns zu Recht vertraut.« Dem zweiten Knecht sah man schon an, am liebsten würde er gleich ans Werk gehen.

Die ersten beiden machten sich an die Arbeit, und sie hatten Erfolg. Der dritte Knecht aber ging hin und grub ein Loch. Er versteckte darin das Talent, das sein Herr ihm anvertraut hatte.

115

Eine lange Zeit war vergangen, da kehrte der Herr von seiner Reise zurück. »Kommt zu mir und lasst mich sehen, was aus euren Talenten geworden ist!«

Da kam der erste Knecht, stellte einen schweren Sack vor seinen Herrn und sprach: »Ein Talent hast du mir anvertraut, hier gebe ich dir zehn zurück!« Sein Herr stand auf, reichte ihm die Hand und sagte: »Du hast deine Sache gut gemacht, geschickt und zuverlässig bist du. Komm, ich will noch größere Aufgaben in deine Hände legen.«

Und auch der Zweite kam: »Herr, ein Talent hast du mir anvertraut, hier gebe ich dir fünf zurück.« Wiederum stand sein Herr auf, reichte ihm die Hand und sagte: »Du hast deine Sache gut gemacht, geschickt und zuverlässig bis du. Komm, ich will noch größere Aufgaben in deine Hände legen.«

Schließlich kam der dritte Knecht. In aller Eile hatte er das ihm anvertraute Talent ausgegraben. »Herr, ich hatte Angst vor dir. Du kommst mir sehr hart vor. Du erntest, wo du nicht gesät hast. Du nimmst, was du nicht angelegt hast. Darum habe ich das Talent vergraben, hier hast du es unangetastet zurück.«

Jesus hält inne und schaut sich um. Was wird der Herr ihm antworten? Ich sage es euch, er wird so sprechen: »Was bist du so ungeschickt und unzuverlässig! Du selbst hast gesagt, dass ich ein harter Mann sei. Wenn du das so genau wusstest, warum hast du das Geld nicht wenigstens auf eine Bank gebracht. Ich hätte es mit Zinsen zurückbekommen.«

Und er ließ ihm das Geld abnehmen und ließ es dem geben, der zehn Talente hatte. So geht es denen, die der Liebe Gottes und seinen Gaben etwas zutrauen. Sie entdecken ihre Gaben und teilen sie mit anderen. So werden sie reicher und reicher.

Lukas 19,12-26

Impuls zur Weiterarbeit

Als Mutmachgeschichte kann dieser Text zum Auftakt der Planung für Projekte erzählt werden, in denen Kinder sinnvolle Aktionen zum Thema »Bewahrung der Schöpfung« in ihrem Umfeld planen und durchführen.

Jan und sein Brothaus

Über fünfzig Menschen, Alt und Jung, vom kleinen vierjährigen Jan bis zur siebzigjährigen Großmutter Anna, hatten sich zu einem Familienwochenende auf den Weg gemacht. Sie waren losgezogen, um Gottes Schöpfung zu entdecken.
Die einen zogen zu einem Bauernhof, die anderen waren mit einem Mühlenbäcker verabredet. Dort durften sie ein Stück vom vorbereiteten Teig kneten und ein Brot formen. Das Feuer im alten Holzofen vor der Backstube war schon angefacht. Der Bäcker wischte das Reisig zur Seite und mit einem großen Schieber schob er die Brote in den Ofen. In der Zwischenzeit zeigte er ihnen die Mühle. Sie schauten zu, wie die Körner vermahlen wurden, um dann mit Wasser, Salz, Hefe und Sauerteig zu Brotteig gemischt zu werden. Aber bald ging es wieder zum Backhaus. Sie konnten es kaum erwarten, endlich zog er die dampfenden, braun gebrannten Brote aus dem Ofen.
Am Abend trafen sich die drei Gruppen auf dem Heimweg. Der Weg war lang, und einige kleine Kinder mussten getragen werden. Die Arbeit hatte sie alle müde, aber auch hungrig gemacht.
Auf einmal hatte die Gruppe, die auf dem Bauernhof war, eine Idee. »Lasst uns eine Pause machen. Hier auf der Lichtung ist genau der richtige Platz für eine Rast.« Sie schwenkten ihre Becher mit den Butterballen und holten die Milchkanne hervor, die der Bauer ihnen zum Abschied mitgegeben hatte, voller frischer, kühler Milch. Beides stellten sie auf einen großen Baumstumpf. »Ihr habt doch Brot gebacken!« Erwartungsvoll blickten sie auf die anderen, die bei der Mühlenbäckerei waren.
Doch die Brotbäcker schauten gar nicht fröhlich. »Das Brot ist doch noch viel zu frisch, um es zu essen.« – »Und außerdem, die paar Brote für so viele Menschen!« Viele der Großen wollten das Brot mit nach Hause nehmen, um es dort zu zeigen oder es aufzubewahren als Erinnerung. »Ich möchte mein Brot eigentlich nicht anschneiden«, sagte ein Vater, »ihr müsst das verstehen. Es ist das erste Mal, dass ich selber Brot gebacken habe.« – »Lasst uns doch nachher im Heim essen, da ist doch genug Brot für alle!« Die Stimmung in der Gruppe war schlecht. Unbemerkt krabbelte da der kleine Jan von der Schulter seines Vaters und begann, in seinem Rucksack

zu kramen. Auch er hatte ein Brot gebacken, natürlich mit Hilfe seiner Geschwister, aber es war sein Brot. Er hatte aus dem Teig ein kleines Haus geformt. »Ich gebe mein Brothaus!«, rief er laut und hielt es hoch über seinen Kopf.

Betretenes Schweigen. »Nein, dein Brothaus soll nicht angeschnitten werden.« Eine Frau machte ihren Rucksack auf. »Ich hole mein, nein, unser Brot! Wartet!« Und auf einmal öffneten sich die Taschen und in die Gruppe kehrte die Fröhlichkeit dieses schönen Tages zurück. Da zeigte sich, dass viel zu viel Brot da war. Alle sollten essen und probieren. Mit der kühlen Milch und der frischen Butter schmeckte es aber auch zu gut an diesem Abend auf der Waldlichtung. Und alle wurden satt. Die Abenddämmerung zog herauf, aber keiner wollte aufbrechen, diese Gemeinschaft tat so gut. Ein Geschenk Gottes zum Abschluss dieses Tages, so dachten viele von ihnen.

Impuls zur Weiterarbeit

Für eine Feier zum Erntedankfest können die Kinder nach dieser Geschichte mit einem einfachen Brotteig ihr »Brothaus« backen: Mehl von 500 gr. ausgemahlenem Weizen, 1 Esslöffel Öl, ein Päckchen Hefe (40 g, in etwas Wasser gelöst), 2 Teelöffel Salz und zwei kleine Becher Naturjoghurt sind die Grundlage eines einfachen, aber schmackhaften Brotteiges.

9. Wer zeigt mir, was gut für mich ist?

Geschichten für Menschenkinder auf der Suche nach Orientierung

Die Kinder brauchen heute mehr denn je emotionale Verlässlichkeit und stabile Beziehungen. Sie schätzen daher Geschichten, in denen ihnen Rollen angeboten werden. In diese Rollen können sie schlüpfen und ausprobieren, in welcher Weise sie Aussagen des christlichen Glaubens in ihrem Leben Bedeutung zukommen lassen. Es geht dabei um Orientierung. Kinder brauchen hilfreiche Regeln und Rituale für das Zusammenleben und sie suchen nach Menschen, die sich dafür mit Konsequenz und Liebe einsetzen.

Denn: Kinder sind ein großes Geschenk, eine Gabe und eine Aufgabe, die die Verantwortung der Erwachsenen herausfordert. Viele soziologische und praktisch-theologische Artikel beschäftigen sich mit der Frage: Wie finden Menschen heute überhaupt eine eigene Identität? Kaum jemand aber fragt mit gleicher Ernsthaftigkeit, wie die Kinder dieser suchenden Erwachsenen zu ihrer Identität gelangen. An dieser Stelle ist aber die Begleitung Erwachsener gefragt. Auch sie erleben täglich, was es bedeutet, in einer Welt zu leben, in der sie ständig zwischen vielen Angeboten entscheiden müssen: Gehen sie zur Kirche oder zum Kinobrunch oder ins Sonnenstudio oder zum Reiten, Fußballspielen? Fahren sie mit beim Fahrradausflug der Gemeinde oder des Vereins oder gehen sie bummeln beim verkaufsoffenen Sonntag im neuen riesigen Einkaufszentrum?

Kinder haben die gleichen Fragen und Probleme. Wer hilft ihnen bei dem ständigen Entscheidungsdruck? Sind sie nicht ständig überfordert? Viele Eltern haben keine Standfestigkeit mehr und gehen den bequemen Weg: Du musst es ja selbst wissen!

Es gibt nicht mehr das eine große Denk- oder Glaubenssystem, das die ganze Welt zusammenhält, auch nicht in der Kirche. Aber es gibt die kleinen lebenswichtigen Geschichten, die Kindern, und nicht nur ihnen, in der jeweiligen Situation helfen, zu sich selbst zu finden.

Drei Geschichten aus dem Neuen Testament nehmen diese Herausforderung auf und sind darum in diesem Abschnitt aufgenommen. Die anderen drei Texte entstammen der Lebenswelt der Kinder und bahnen ein Nachdenken über die eigenen Wege an.

Auf dem Weg nach Emmaus

In einer Gasse in Jerusalem wird vorsichtig eine Tür geöffnet. Aus dem Dunkel schauen erstaunte Gesichter. »Wo kommt ihr denn mitten in der Nacht her? Wolltet ihr nicht für immer in eure Heimat zurückkehren?«

»Nun lasst sie doch erst einmal rein!« Zwei Männer drängen sich durch die enge Tür und kommen in einen mit Öllampen spärlich erleuchteten Raum. »Kleopas, erzähl schon, deine Augen leuchten ja richtig, was ist geschehen?«

»Ja, ihr habt Recht, ich wollte nie mehr wieder nach Jerusalem zurück. Dieses dunkle Haus hier, die Angst vor den römischen Soldaten, diese Verzweiflung ...«

»Lange haben wir auf dem Weg von alldem gesprochen, wir haben uns alles von der Seele geredet.«

»Und dann war da auf einmal jemand, der ging an unserer Seite, einfach so, hörte zu, hatte ein Ohr für unsere Trauer.«

»Wir erzählten einfach weiter. Weißt du noch, als wir es nicht glauben wollten, dass Jesus die Menschen satt machen kann? Er teilte das Brot, da war genug für alle. Nie mehr Hunger und Durst, so sollte es mit diesem Jesus sein, unserem Messias.«

»Weißt du noch, als wir mit ihm das Passahmahl gefeiert haben, diese Nacht, die so geheimnisvoll begann und so schrecklich endete? Ich sehe immer noch die verzweifelten Augen von Jesus, als er im Garten betete. Und wir, in unserer Angst und unserer Ohnmacht, nichts haben wir getan. Weggelaufen sind wir, als sie Jesus gefangen genommen haben. Und sie haben getan, was wir nicht glauben wollten. Sie haben ihn verurteilt und

120

gekreuzigt. Jesus, unsere Hoffnung, war tot, alles war aus für uns.« »Und dann, am ersten Tag der Woche, als die Frauen kamen und berichteten, dass er nicht mehr dort ist, wo sie ihn begraben hatten, auferstanden, nein, das war zu viel für uns!«

»Bis hierher hatte der Fremde geschwiegen, aber nun fragte er uns: ›Habt ihr es nicht gewusst? Hat er nicht davon gesprochen?‹ – Und er hat uns mit seinen Worten ganz neu erzählt, was er von uns gehört hatte. Er hat uns erinnert an die Zeichen der Hoffnung in allem Leid, von Heilung und neuem Leben, wo alles vorbei schien. Menschen, die gelähmt waren, standen auf. Frauen und Männer, die ausgeschlossen waren, fanden zurück in die Gemeinschaft. Einen Satz habe ich noch genau im Ohr: ›Dieser Jesus, von dem ihr sprecht, ist der, den Gott gesandt hat. Was auch geschehen ist, Gott hat es gewollt. Aber er hat Jesus nicht verlassen! Gott ist stärker als der Tod.‹

Ihr könnt euch vorstellen, wir waren verwundert über die Worte dieses Fremden. Dann standen wir vor unserem Haus in Emmaus. Er wollte weiter, aber wir ließen ihn nicht gehen. Seine Worte haben uns Trost gegeben.«

»Und er kam in unser Haus. Wir holten, was noch da war, und deckten den Tisch mit ein wenig Brot, Trauben und Käse. Da nahm er das Brot, sprach das Dankgebet und gab uns von dem Brot. Wir empfingen das Brot aus seiner Hand und aßen. Da war es, als ob wir neu sehen gelernt hätten, wie Schuppen fiel es uns von den Augen: er ist es selbst, Jesus, der Christus, er ist wahrhaftig zu uns gekommen.«

»Wir rieben uns die Augen, wir schauten uns an, wir schauten auf das Brot, und da wussten wir, was zu tun war.«

»Darum sind wir zu euch gekommen, ihr sollt es wissen, alle sollen davon hören.«

»Schaut, was ich mitgebracht habe, das Brot, das er uns gab. Es ist nicht viel, aber lasst uns davon essen und spüren: »Ja, er ist auferstanden, er ist wahrhaftig in unserer Mitte!«

Lukas 24,13-35

Paulus geht ein Licht auf

Als Jesus am Kreuz gestorben war, waren viele seiner Gegner froh; dieses Licht war nun erloschen.

Aber es kam anders. In Jerusalem fing alles von neuem an. Frauen waren am Grab Jesu und berichteten den Jüngern Wunderbares: »Jesus lebt! Er ist nicht tot!« Ihre Augen leuchteten hell in der finsteren Kammer, in der sie sich aus Angst versteckt hielten. Das war ein ansteckendes Leuchten: »Der Herr ist auferstanden, er ist wahrhaftig auferstanden!«

Immer mehr Frauen und Männer fassten neuen Mut und bekannten sich zu Jesus Christus, dem Sohn Gottes. Er war für sie das Licht der Welt, das alle Finsternis überwunden hat.

Einflussreiche Männer jedoch dachten ganz anders: Um Gottes willen dürfen wir diesen neuen Glauben nicht dulden! Sie stellen ihren Christus über das Gesetz, das ist Gotteslästerung. Sie verwirren die Menschen! Paulus aus Tarsus, ein gesetzestreuer Pharisäer, tat sich durch besondere Hartnäckigkeit hervor. Dass Gott seine Liebe allen Menschen schenkte, wie die Sonne, deren Strahlen alles erreicht, das konnte er nicht glauben. Dann würden alle Menschen zu Gott gehören, egal ob sie das Gesetz einhalten oder nicht. Er verfolgte die Christen aus Überzeugung. Er schreckte auch nicht vor Gewalt zurück, um die alte Ordnung wiederherzustellen. In blinder Wut nahm er gefangen, wen er finden konnte.

Dies bedeutete auch für die Christen in der Gemeinde von Damaskus Gefahr.

»Paulus kommt!«, diese finstere Nachricht war ihnen zu Ohren gekommen.

Angst und Verzweiflung machten sich in der Gemeinde breit. Wie ein dunkler Schatten legte es sich auf die Gemeinde. Alle Freude schien vergangen, schreckliche Erinnerungen an das Leiden Jesu wurden wieder wach. Einige von ihnen waren nur mit letzter Not den Verfolgern in Jerusalem entkommen. Was alle befürchteten, geschah: Paulus und seine Begleiter machten sich auf den Weg nach Damaskus. Sie hatten vom Hohenpriester die Vollmacht bekommen, in Damaskus die Christen gefangen zu nehmen. In Jerusalem sollte ihnen dann der Prozess gemacht werden. Niemand schien ihn aufhalten zu können. War das das Ende der Gemeinde in Damaskus?

Da plötzlich geschieht es: Paulus reißt einen Arm schützend vor sein Gesicht und stürzt zu Boden; geblendet von einem Licht: heller als die Sonne. Eine Stimme erklingt und dringt tief bis in sein Herz: »Saul, Saul, warum verfolgst du mich?« Den Arm vor die Augen geschlagen, hebt Paulus ein wenig den Kopf: »Wer bist du, Herr?« –

»Ich bin Jesus, der Sohn Gottes, den du verfolgst. Steh auf und geh in die Stadt! Dort wird dir gesagt werden, was du tun sollst.« Paulus verharrt am Boden; seine Begleiter begreifen es nicht. Sie hören die Stimme, aber sehen niemand.

Mühsam richtet sich Paulus auf von der Erde. Vorsichtig lässt er seinen Arm sinken. Er kann nicht sehen. Geblendet von dem unendlichen Glanz des Lichtes ist er blind geworden. Seine Begleiter müssen ihn führen. So kommt er nach Damaskus, geblendet und auf Hilfe angewiesen.

Wie ihm die Stimme es gesagt hatte, wird ihm im Haus des Judas Gastrecht gewährt. Drei lange Tage wartet er dort. Er mag nicht essen und nicht trinken. Tag und Nacht liegt er wach. Um ihn herum ist es dunkel. Nur die Stimme Jesu hört er immer wieder: »Warum verfolgst du mich? – Ich bin Jesus, der Sohn Gottes.« Paulus denkt nach: »Was habe ich falsch gemacht? Muss ich nicht für Gott streiten, wenn sein heiliges Gesetz auf dem Spiel steht? Und jetzt dieses Licht, heller als die Sonne! Blind hat es mich gemacht, geblendet. Warum verfolgst du mich? Ist es am Ende wahr, was die Anhänger Jesu behaupten? Dann bin ich dem Licht Gottes begegnet. Dann ist Jesus wirklich auferstanden von den Toten, der lebendige Sohn Gottes. Bin ich es am Ende, der verblendet war? Ist Gottes Liebe größer als sein Gesetz? Hat Gott sich selbst mir in den Weg gestellt? Ist Jesus doch der Messias, den die Propheten uns angekündigt haben? Die Augen der Blinden werden aus Dunkel und Finsternis sehen. Und die, welche irren in ihrem Geist, werden Verstand annehmen (Jes 29,18.24).« In all dieser Ungewissheit wächst bei Paulus auch Hoffnung: »Gott, wenn du mich aus der Verblendung führen willst, sende dein Licht und deine Wahrheit, dass sie mich leiten.«

Endlich, nach drei langen Tagen, kommt Besuch in das Haus des Judas. Es ist Hananias, ein angesehenes Mitglied der Gemeinde. Dem ist dieser Weg schwer gefallen. Nur zögernd tritt er in das Gemach des Paulus. Da sitzt Paulus, der so viel Leid und Dunkel über die Gemeinde gebracht hat; und er ist blind. Hananias denkt an seinen Auftrag: »Geh zu Paulus, er wartet auf dich!«

Hananias hatte sich gewehrt: »Herr, du weißt, welch finsterer Mensch das ist?« Und nun steht Hananias ihm gegenüber. »Dieser soll mein Werkzeug sein; er soll mein Licht tragen zu den Völkern. Alle Welt soll mit dem Licht des Lebens erfüllt werden, das die Finsternis vertreibt. Paulus soll mein Zeuge sein.«

Diese Worte machen Hananias Mut. Er tritt zu Paulus, legt ihm die Hände auf und segnet ihn. »Jesus Christus, unser Herr, hat mich zu dir gesandt, Paulus. Sei wieder sehend! Christus erfülle dich mit seinem Licht, dass du in seinen Spuren wandelst. Er hat Großes mit dir vor.«

Und Paulus erhebt sich. Vorsichtig schlägt er die Augen auf. Ein Licht geht ihm auf. Wie Schuppen fällt es ihm von den Augen und er begreift : »Heute beginnt ein neues Leben für mich. Ich bin dem Licht begegnet, ihm möchte ich von heute an gehorsam sein.« Paulus möchte dazugehören, zur Gemeinde Jesu Christi. Mit seiner Taufe wird er zum Lichtträger für seinen Herrn.

Apostelgeschichte 9,1-11

Impuls zur Weiterarbeit

In ganz anderer Weise als Bartimäus (siehe S. 40) geht Paulus ein
Licht auf. So kann diese Geschichte unter dem Aspekt: »Jesus – Licht
der Welt« durch die Methode »Dias bemalen« (S. 58) vertieft werden.

Stell dein Licht nicht unter den Scheffel!

In den Bergen vor der Küste lag ein kleines Dorf. Die Familien dort lebten
von der Wolle und der Milch ihrer Schafherden, die in der Umgebung des
Dorfes auf den kärglichen Hängen grasten. Hier und da gab es noch einige
Olivenhaine, die von den Bauern im Herbst abgeerntet wurden. Die
Früchte dienten aber nur zum Teil ihrer Nahrung. Fast die gesamte Ernte
wurde in die Ölmühle gebracht und zu Olivenöl verarbeitet. Die erste
Pressung ergab gutes Öl für die Küche, danach gab es noch eine zweite
Pressung, für die der übrig gebliebene Ölkuchen erhitzt wurde. Das
daraus gewonnene Öl behielten die Bauern, denn damit beschickten sie
ihre Öllampen, die überall in den Häusern und Gassen entzündet wurden,
wenn es dunkel war.

Den Käse, den sie aus der Schafsmilch herstellten, und das gute Olivenöl
verkauften sie auf dem Markt unten am See. Die Wolle wurde im Winter
versponnen und zu schönen Tüchern gewebt. So konnten sie alles kaufen,
was sie zum Leben brauchten.

Sie lebten glücklich und zufrieden und hatten einen Tagesablauf, um den
sie mancher Fischer im Dorf unten an der Küste beneidete. Während sie
zur Siesta im Schatten ihrer Häuser dösten, mussten die Fischer in der
Mittagssonne ihre Netze ordnen und flicken. Und wenn sie oben im Bergdorf abends gemütlich im Schein ihrer Öllampen zusammensaßen, fuhren
die Fischer schon wieder zum nächsten Fang auf das Meer hinaus.

Ein bisschen stolz waren sie also schon, die Bauern von oben, vom Berg.
Und dazu gehörte, dass sie mit dem Öl für ihre Lampen nicht sparten,
schon von weitem konnte man das kleine Dorf auf dem Berg sehen.

Eines Abends, es war Herbst und die Sonne ging schon wieder früh unter,
saßen die Bauern im Schein der Lampen. Einer von ihnen war auf dem

125

Markt im Fischerdorf und erzählte, was er unten am Ufer des Sees gehört hatte. »Ihr habt es ja gemerkt, in den letzten Nächten hat es viel geregnet und der Himmel war verhangen. Auf dem Weg zum Markt kam ich an einigen Fischern vorbei, die dort ihre Netze für den nächsten Fang vorbereiteten. Und als ich fast an ihnen vorbei war, da höre ich sie doch hinter meinem Rücken sagen: ›Gut, dass es denen da oben so gut geht, die haben ja durch die gesamte Nacht Festbeleuchtung!‹ Wie oft habe ich in der letzten Zeit die Lichter oben im Bergdorf als Orientierung genommen, wenn der Himmel verhangen war. Ich hätte sonst gar nicht zurückgefunden!« »Das ist ja wohl die Höhe! Unser gutes und schwer verdientes Öl für die Fischer da unten?«

Das ging gegen ihre Bergbauernehre. Und sie überlegten, was zu tun sei. In den nächsten Wochen gab es abenteuerliche Versuche, das Licht der Öllampen so abzudecken, dass es niemand außerhalb des Dorfes sehen konnte. Tücher wurden in die Fenster gehängt und die Lampen in den Gassen wurden nur noch auf der Bergseite angezündet. Niemand sollte von ihrem Licht etwas abhaben!

Dafür nahmen die Männer sogar kleinere Beulen in Kauf. Einige hatten sich schon heftig an Kopf und Knien gestoßen, wenn sie abends durch die dunklen Gassen nach Hause gingen.

Die Frauen beschwerten sich, denn sie mussten nun im Halbdunkel an ihren Webstühlen sitzen, aber es half nichts. Dann brach eines Abends ein Feuer aus. Es war in dem Haus des Bauern, der die Fischer in der Stadt über das Licht vom Berg hatte reden hören. Er war so schlau gewesen, seine Öllampe unter einen Scheffel zu hängen. Dieser Scheffel sah aus wie ein kleiner Eimer und wurde zum Abmessen von Getreide gebraucht.

Auch nicht der kleinste Lichtschein sollte sein Haus verlassen. Das wäre ihm fast teuer zu stehen gekommen, denn natürlich entzündete sich bald das Holz. Wenn nicht schnell alle Nachbarn zu Hilfe geeilt wären, dann hätte man dieses Feuer sicher bis zum Horizont leuchten sehen können. Am nächsten Abend trafen sich die Bauern in ihrem Gemeinschaftshaus, und an diesem Abend kamen auch die Frauen mit.

Sie waren die ganze Lichtgeizerei ihrer Männer schon lange leid.

Und das Feuer gab ihnen nun Grund zur Klage. »Ihr wollt mit eurem Lichtverstecken wohl noch das ganze Dorf anzünden. Wollt ihr uns denn vor dem ganzen Land zum Narren machen? Gönnt den anderen euer Licht nicht und steckt dabei das eigene Dorf an!

Nun hört mal gut zu! Unser schönes Licht, gewonnen aus den Oliven, die wir ernten, ist es nicht Licht vom Licht? Wenn Gott die Sonne nicht scheinen ließe, wie könnten dann die Ölfrüchte wachsen, die uns das Licht spenden? Warum sollen wir dann für uns behalten, was doch Gott für alle geschaffen hat? Lässt er seine Sonne etwa nur über uns scheinen? Oder nur über die anderen unten aus dem Fischerdorf?«

Und damit standen die Frauen auf und gingen nach Hause. Die Männer kehrten erst spät heim, als es ganz dunkel war, denn sie schämten sich. Nach und nach kehrten sie zurück zu ihrer alten Lebensweise. Und es ging ihnen gut damit. Es war, als ob die Sonne wieder zurückgekehrt war in ihr Dorf, und ihre Herzen waren wieder warm. Und wenn sie abends zusammensaßen und die Öllampen flackerten, die sie in die Bäume gehängt hatten, dann erinnerten sie sich manchmal an ihre Torheit und lachten.

Jedes Mal aber, wenn ein Kind im Dorf etwas gut konnte, ob es eine schöne Stimme zum Singen hatte oder geschickte Hände beim Scheren der Schafe, und wenn es dies nicht zugeben wollte, sei es, weil es sich schämte, oder sei es, dass es ein wenig faul war, dann hieß es seit dieser Zeit: Stell bloß dein Licht nicht unter den Scheffel!

Und alle lachten, denn sie wussten, was gemeint war.

Nun mag mancher meinen: »Es kann doch nicht sein, dass Menschen sich so dumm benehmen.« Aber offensichtlich sind die Menschen auch vor der größten Dummheit nicht gefeit. Darum ist es gut, ab und an auf die Worte Jesu aus der Bergpredigt zu hören.

Ihr seid das Licht der Welt. Es kann die Stadt, die auf einem Berge liegt, nicht verborgen sein.

Man zündet auch nicht ein Licht an und setzt es unter einen Scheffel, sondern auf einen Leuchter; so leuchtet es allen, die im Hause sind.

So lasst euer Licht leuchten vor den Leuten, damit sie eure guten Werke sehen und euren Vater im Himmel preisen.

Matthäus 5,14-16

Diana muss unbedingt mit!

In der Klasse 6c geht es hoch her. Herr Schmieder, der Klassenlehrer, kann sich in dieser Stunde kaum Gehör verschaffen. Zusammen mit den Jungen und Mädchen möchte er das Programm für die Klassenfahrt besprechen. Zum Abschluss des Schuljahres geht es nach Cuxhaven. Einige Kinder waren schon einmal dort. »Dann müssen wir unbedingt mit dem Pferdewagen auf die Insel Neuwerk fahren. Das geht nur bei Ebbe und abends fahren wir dann mit dem Schiff zurück.« – »Ich möchte aber lieber nach Helgoland fahren, da gibt es wenigstens ordentlich Seegang. Mal sehen, wem es dann so richtig schlecht wird.« – »Ja, und zum Erholen machen wir eine Wanderung durch das Watt. Da gibt es viel zu entdecken«, versucht Herr Schmieder den Lärmpegel ein wenig zu dämpfen. »Oh, wie langweilig!«, hört man es aus den hinteren Reihen. Aber Herr Schmieder war nun mal bekannt für seinen Biologieunterricht mit Exkursionen. »Übrigens muss ich euch noch eine traurige Mitteilung machen. Diana kann aus gesundheitlichen Gründen nicht mitfahren.« Alle Blicke richten sich auf Diana, die schaut verlegen unter sich.
Gerd stößt seinen Nachbar Michael an: » Diana und krank?« Michael zieht seine Stirn in Falten und flüstert: »Da stimmt was nicht!«
In der nächsten Hofpause organisiert Gerd eine kleine Lagebesprechung mit Michael und Ina, der Klassensprecherin. »Ina, was ist mit Diana los? Die Geschichte mit dem Kranksein kaufe ich ihr nicht ab.« »Stimmt ja auch nicht. Aber soll sie sagen, im Moment können meine Eltern leider die Fahrt nicht bezahlen, die Firma, in der mein Vater gearbeitet hat, ist leider in Konkurs?«
»Ach, so ist die Lage, dann fehlt es da wohl am nötigen Geld!« »Ja, du Schnellmerker, aber sag' lieber, was wir tun können!« Michael, der Verwalter der Klassenkasse, hat eine Idee: »In unserer Kasse sind 500 Mark. Davon soll ja wohl die Wattenfahrt bezahlt werden. Dann verzichten wir eben auf die Fahrt zur Insel und Diana kann mitfahren!« Ina schüttelt den Kopf: »Würdest du an Dianas Stelle mitfahren, wenn alle für dich auf die Fahrt verzichten müssen? Irgendwie müssen wir das diskret lösen. Du bringst auf jeden Fall morgen das Geld zu Herrn Schmieder.« – »Und kein Wort über das Gespräch, verstanden!«

128

Nach der Schule trifft Ina ganz zufällig auf Herrn Schmieder. »Nanu, Ina, du bist noch in der Schule?« – »Ich habe da ein Problem wegen Diana.« – »Ja, die Diana, mir tut es auch Leid, dass sie nicht mitkommt.« – »Herr Schmieder, die Diana ist gar nicht krank, die Familie hat im Moment Probleme wegen der Fahrtkosten.« – »Ach, das habe ich nicht gewusst. Aber da können wir doch den Förderverein bitten. Da gibt es doch extra Gelder für soziale Härtefälle.« – »Nein, Herr Schmieder, das würden die Eltern von Diana nie annehmen.« »Ja, aber es muss doch irgendwie möglich sein!« Ina überlegt kurz, dann fasst sie sich an den Kopf: »Genau, das ist es, Herr Schmieder! Unterstützt der Förderverein auch besondere Unterrichtsausflüge?« – »Ja, aber ich verstehe nicht.« – »Dann stellen Sie doch mal einen Antrag für einen Zuschuss zu einer Wattenfahrt unter besonderer Berücksichtigung der Beobachtung des Lebens im Wattenmeer!« »Aber dazu wollen wir doch das Geld aus der Klassenkasse nehmen!« – »Herr Schmieder, das sollen ja auch alle denken! Verstehen Sie denn nicht? Die Wattenfahrt wird unser Klassenkassenausflug«, – »verbunden mit einer Wattenexkursion, bezuschusst durch den Förderverein?«, fällt Herr Schmieder Ina ins Wort. »Na, endlich fällt der Groschen! Michael bringt morgen das Geld zu Ihnen. Mit einem Zuschuss vom Förderverein ist es doch mehr, als wir für die Fahrt brauchen. Und das, was übrig ist ... Verstehen Sie, Sie müssen zu Dianas Eltern gehen und ihnen sagen, dass Diana unbedingt mitkommen muss. Wer weiß, wie lange sie noch bei uns ist, wenn der Vater woanders eine neue Arbeit findet!« – »Aber das darf sonst niemand wissen!« Die beiden verabschieden sich.

Am Ende der Woche geht es endlich los. Alle Mädchen und Jungen freuen sich, als am Morgen der Abfahrt auch Diana am Bahnhof steht.

Die gemeinsame Fahrt nach Cuxhaven wird für alle ein tolles Erlebnis. Sicher, einige meckern, als sie auf dem Weg zur Insel Neuwerk aus den Pferdewagen steigen müssen. Unter sachkundiger Führung von Herrn Schmieder lernen sie seltene Lebewesen des Wattenmeeres kennen.

Auf der Rückfahrt auf dem Schiff gibt es zum Abschluss noch eine Portion Eis für alle. Und Ina, Diana und Herr Schmieder zwinkern sich ganz vorsichtig zu.

Manchmal kommt es anders

Drei Kerzen brennen am Adventskranz. Petra und Miriam sitzen mit ihren Eltern am Kaffeetisch. »Die Adventszeit geht diesmal wohl gar nicht vorbei!« Petra, der Siebenjährigen, wird das Warten lang. »Meine Geschenke sind schon alle fertig, was kann ich denn noch tun!«

Die Mutter hat einen Vorschlag: »Du kannst mir helfen, unsere Krippe aufzubauen. Wir brauchen noch Moos und Steine, und einige Strohsterne für den Tannenstrauß könntest du auch basteln.« Miriam, die Zwölfjährige, hört das gar nicht gern:

»Macht es bloß nicht so kitschig! Wenn ich Tante Agnes schon höre! Das liebe Jesulein im Krippelein, da fehlen nur noch die süßen Engelein.«

Petra fürchtet schon um ihre geliebte Krippe: »Aber Jesus ist doch im Stall geboren, und ein Engel hat es den Hirten erzählt!«

»Aber Petra, ich will doch die Krippe nicht abschaffen. Ich möchte nur, dass es alles echt aussieht. Schließlich waren Maria und Josef fremd in Bethlehem, sie hatten kein Dach über dem Kopf. Wer weiß, ob sie genug zu essen und zu trinken hatten. Für das neugeborene Kind war kein Bett da und außer ein paar Stofflappen hatten sie nichts zum Anziehen. Versteht ihr, die Krippe soll sein, aber bitte nicht so kitschig! Wer weiß denn, wohin Jesus kommt? Er hat schließlich gesagt: Was ihr getan habt einem von diesen meinen geringsten Geschwistern, das habt ihr mir getan.«

Am nächsten Abend kommt Petra vergnügt vom Einkauf mit ihrer Mutter zurück. »Miriam, stell dir vor, ich habe Jesus heute gesehen!«

»Jetzt bist du vor lauter Advent aber total übergeschnappt, Petra.«

»Oh, diese großen Schwestern! Hast du nicht gestern selbst gesagt: In den armen Menschen begegnet uns Jesus? So, und nun hör mir mal zu. Vor dem Buchladen habe ich auf Mama gewartet. Und da saß ein alter Mann. Er schaute mich an und sagte gar nichts. Nur auf seinem Schild stand: ICH HABE HUNGER. Und da habe ich ihm die zwei Mark in sein Kästchen gelegt, die Mama mir für das Bastelstroh gegeben hat. Und er hat mich angelächelt, als ob es Jesus selbst war.

Nun werden wir keine Strohsterne an der Krippe haben, aber ich habe Jesus getroffen.«

10. *Manchmal haben die Engel einfach zu viel zu tun*

Geschichten von Angst und Mut

Eines der bekanntesten Gleichnisse Jesu erzählt vom verlorenen Schaf. Und doch ist der Zusammenhang weitgehend unbekannt, in den Matthäus dieses Gleichnis eingebettet hat: Ihm geht es um die besondere Wertschätzung, die Gott den Kleinen und Geringen, besonders den Kindern zuteil werden lässt. In diesem Zusammenhang findet sich der starke Satz, dass die Engel dieser Kinder »allezeit das Angesicht meines Vaters im Himmel« sehen (Mt 18,10).

Mit Nachdruck wird hier die Notwendigkeit einer ermutigenden Begleitung der Kinder angemahnt. Bereits Fünfjährige fragen nach den Weltzusammenhängen. In allen Erfahrungen und Fragen der Kinder lässt sich unschwer religiöse Sensibilität entdecken. Sie entdecken die Widersprüche dieser Welt in Krieg und Frieden, erfahren Zuneigung und Ablehnung, oft von den gleichen Menschen. Sie stoßen auf Probleme, die sich nicht lösen lassen, Unglück und Leid, das sich nicht erklären lässt, Beziehungen, an deren Schwierigkeiten sie leiden. Und sie brauchen Rückenstärkung, damit sie das Leben bejahen.

Nach der alttestamentlichen Erzählung ist es in diesem Kapitel die Erzählung der Jünger im Sturm auf rauer See, die ausgesucht wurde, weil sie schon in der Urgemeinde not-wendende Geschichte gegen die Angst war. Dazu kommt eine Erzählung aus der Perspektive eines Kindes, die Motive des guten Hirten aus Joh 11 aufnimmt und in den Kontext von Bewahrung und Rettung aus Angst stellt. Die beiden letzten Geschichten aus der Lebenswelt der Kinder nehmen die tröstenden und ermutigenden Motive aus den neutestamentlichen Texten auf.

Du verwandelst meine Ängste in Mut

In der Bibel werden uns Geschichten von Königen erzählt. Die meisten Könige sind tapfer, mutig und entschlossen. Sie kämpfen für das Gute und bleiben meistens Sieger.

Die Geschichte, die uns im Buch des Propheten Jesaja vom König Hiskia erzählt wird, ist eine andere Geschichte. Der König ist schwer krank. Jesaja geht zu ihm und spricht ihn an: König Hiskia! Langsam öffnet Hiskia seine Augen. Ich bin es, Jesaja, der Prophet Gottes. Hiskia, ich muss dir sagen, du bist sehr schwer krank und du wirst sterben. Also veranlasse alles Notwendige und sorge für eine Nachfolge. Der König reißt seine Augen weit auf, und Jesaja erschrickt. Wie gelähmt ist der König, dreht sich zur Wand und weint bitterlich. Er will keinen Menschen mehr sehen. Leise verlässt Jesaja das Zimmer. Der König will alleine sein. Der große König Hiskia ist nun wie alle Menschen in seinem Reich, er hat Angst vor dem Sterben. Was soll Hiskia tun? Soll er jammern und sein Schicksal beweinen? Nein, er entscheidet sich anders. Er klagt Gott sein Leid. Er ringt mit Gott. Er erzählt Gott alles, was er in seinem Leben getan hat. Er erinnert Gott daran, dass er immer versucht hat, ein König im Auftrag Gottes zu sein. Gerecht, weise und im Vertrauen auf den Weg Gottes, den der Prophet Jesaja ihm gesagt hat. Und seine Klage ist so laut, dass man sie weit durch die Räume hören kann. Auch Jesaja hört seine Klage. Und Gott hört auf sein Klagen. Und Gott gibt Jesaja einen Auftrag: Gehe wieder hin zu König Hiskia und sage ihm: Gott hat dein Klagen gehört. Gott ist ein Gott des Lebens, und er wird dich nicht dem Tod überlassen. Du sollst noch 15 Jahre leben. Du sollst Zeit haben, deine Pläne als König zu verwirklichen. Und ich werde mit dir sein. Ich will dich aus der Hand deiner Feinde erretten und mit dir die Stadt Jerusalem und dein Volk. Da richtet sich König Hiskia auf. Jesaja aber lässt einen Arzt rufen. Nehmt Feigen und bereitet daraus ein Pflaster. Legt es auf die Wunden von König Hiskia, damit sie heilen. Schon nach kurzer Zeit verlassen König Hiskia seine fürchterlichen Schmerzen.

Als Jesaja in das Gemach des Königs kommt, geht König Hiskia ihm mit vorsichtigen Schritten entgegen. Du siehst, dass es mir besser geht. Aber sage mir, gibt es ein Zeichen von unserem Gott, dass er mich errettet hat und dass ich wieder hinauf in den Tempel gehen kann, um ihm zu danken und ihn zu loben?

Jesaja geht zum Fenster und ruft Hiskia zu sich: Schau dort, siehst du die Sonnenuhr, die dein Vater Ahas hat bauen lassen? Sieh auf den Pfeiler, der seine Schatten über die Treppenstufen wirft. Zehn Stufen wird dieser Schatten zurücklaufen. Das ist das Zeichen, dass Gott dein Leben nicht dem Tode übergibt. Das ist das Zeichen, dass Gott dir Zeit schenkt, dein Volk zu führen und zu leiten.

Ganz langsam wandert der Schatten der Sonnenuhr zehn Stufen zurück. Und Hiskia ruft laut: Gott sei Lob und Dank, denn er hält seine Versprechen. Gott hat meine Tränen angesehen. Und er hat meine Klage verwandelt in ein Lob! Und am nächsten Tag geht er hinauf in den Tempel und lobt Gott für die großen Taten, die er an Hiskia und seinem Volk getan hat. Ein großes Fest wird gefeiert. Und das Singen und Spielen hört man über den Hof hinaus und in alle Lande verbreitet sich die frohe Kunde: Gott hat unseren König Hiskia vom Tode errettet! Gott hat die Angst des Hiskia in neuen Mut verwandelt.

Jesaja 38 i.A.

Impuls zur Weiterarbeit

Anregungen für das Gespräch

Ist das nun ein Märchen aus alter Zeit? Oder ist diese Geschichte des Hiskia auch eine Geschichte für uns. König Hiskia hat es begriffen: Gott schenkt mir die Zeit, damit ich mein Leben gestalten kann. Es ist, als ob Hiskia das Leben neu geschenkt bekommt. Und er vergisst nicht, dass Gott es ist, der ihm das Leben schenkt. Leben ist immer geschenktes Leben. Das Leid und die Klage gehört dazu, aber auch die Freude und der Dank; denn Gott ist der Gott, der die Tränen abwischt und Leben schenkt.

Stillung des Sturmes

Wieder einmal waren viele Menschen zu Jesus gekommen.
Sie hörten ihm zu, seine Worte schenkten neue Hoffnung,
er weckte neue Lebensgeister, wo die Schatten des Todes mächtig waren.
Dabei, seine Worte waren deutlich:
Wer mir nachfolgt, muss alles hinter sich lassen.
Ganz neu ist das Leben, dem Jesus entgegengeht.

Seine Jünger trauten sich das zu, sie folgten ihm ohne Wenn und Aber.
Und so stiegen sie mit ihm in das Boot am Galiläischen Meer.
Und siehe, es erstand ein gewaltiges Beben im Meer,
und mächtige Wellen schlugen über das Boot.
Jesus aber schlief, ruhte im Auge des Orkans.
Da traten seine Jünger zu ihm,
sie rüttelten ihn wach und erhoben ihr Angstgeschrei:
Herr des Lebens, wir sind verloren, errette uns vom Tod.

Doch, was sagte er?
Was seid ihr so verzagt,
ist euer Glaube so klein?
Und Jesus stand auf;
er stand gegen die Mächte des Windes und die Gewalten des Meeres.
Da war es ganz still.

Alle Menschen aber staunten:
Seht, welch ein Mensch!
Die Gewalten des Wassers
und Mächte des Windes
hören auf
ihn!

Matthäus 8,23-27

134

Gott lässt kein Kind aus den Augen

»Segne uns und mach uns Mut, allen tut dein Segen gut!« Über vierhundert
Kinder singen fröhlich am Ende dieses Kinderkirchentages. Jana ist eine
von ihnen, aber sie singt etwas leiser. Vorhin hat sie noch geweint, ganz
für sich, kaum einer hat es gemerkt. Einige Jugendliche hatten am Morgen eine Szene auf dem Schulhof gespielt. Da wurde ein Junge so richtig
fertig gemacht. Erst haben sie ihn nur ausgelacht, und dann haben sie ihn
auch geschlagen.
»Guter Gott, das darf nicht sein, nein, das muss anders werden!« So haben
die Kinder dann gesungen. Da konnte Jana noch mitsingen, aber dann hat
sie sich geärgert. Der Pastor hat gesagt: »Glücklich sind die Menschen, die
Leid tragen, denn sie sollen getröstet werden!«
Jana musste an die Schule denken: ›Wenn der wüsste! Soll er doch mal mitkommen in die Schule! Immer diese Sticheleien, nur weil Mama nicht das
Geld für die teuren Turnschuhe hat, die die anderen alle tragen. Und dann
schimpft auch noch die Lehrerin, wenn ich meine Hausaufgaben mal nicht
so ordentlich gemacht habe. Aber nachmittags bin ich immer allein zu
Hause, da habe ich oft einfach keine Lust auf Hausaufgaben. Seit Papa
nicht mehr zu Hause wohnt, muss Mama immer bis abends um 8.00 Uhr

arbeiten. Aber das ist immer noch besser als der ständige Streit. Wer passt eigentlich auf mich auf, wenn alle gemein zu mir sind?‹

Wenn Simone nicht gewesen wäre, wäre Jana nach Hause gegangen. Simone ist die große Tochter der Nachbarin und hat Jana zu diesem Kinderkirchentag eingeladen. Mit Simone ist sie in eine Gruppe gegangen und hat dort berichtet, wie es ihr in der Schule ergangen ist.

Danach konnte sie auch wieder auf die Geschichte hören, die Simone erzählt hat.

»Passt auf, hütet euch, behandelt kein Kind schlecht!«, hat Jesus gesagt. »Ich sage es euch, Gott lässt kein Kind aus den Augen! Wie ein guter Hirte, der hundert Schafe hat. Wenn sich eines davon verläuft, was glaubt ihr, was er tut? Er lässt die neunundneunzig allein und sucht das Verlorene, bis er es findet. Und dann freut er sich! Gott will nicht, dass auch nur einem Kind Leid zugefügt wird!«

Nach der Geschichte hat Jana ein Bild gemalt: Einen großen Schulhof mit vielen, vielen Kindern. Und ganz allein in der Ecke sitzt Jana. Ganz allein? Wenn du genau hinsiehst, erkennst du ihn, einen Schutzengel. Er passt auf Jana auf und er tröstet sie.

Ganz leise singt Jana die letzte Strophe mit: »Segne uns und mach uns Mut ...«

Matthäus 18,10-14

Impuls zur Weiterarbeit

Diese Geschichte regt an, Erfahrungen der Kinder aufzunehmen und sie in den Kontext des Gleichnisses vom verlorenen Schaf zu stellen. Dabei wird auch das Thema Schutzengel in einer angemessenen Weise angesprochen.

Pass gut auf die kleinen Kinder auf!

»Wo ist meine kleine Schwester Luisa?« Andreas hat sich nach der Schule beeilt und ist noch ganz außer Atem. Kein Wunder, denn am liebsten wäre er heute gar nicht zur Schule gegangen. Aufregende Dinge waren in der letzten Nacht passiert. Ein kleines Mädchen war geboren. Nun hat Andreas eine kleine Schwester. Und da gibt es für einen Jungen von acht Jahren viel zu fragen und zu begreifen.

Aber erst einmal will er seine kleine Schwester sehen. Leise schleicht er sich ins Schlafzimmer und geht zur Wiege. Dort liegt sie und schläft. Gut, dass seine Mutter nun ein bisschen Zeit für ihn hat.

Er läuft in sein Zimmer, holt sein Fotoalbum und setzt sich zur Mutter an das Bett. »Wie war das eigentlich, als ich auf die Welt kam?«

Seine Mutter muss ihm die Fotos zeigen und ihm von seiner eigenen Geburt erzählen. »Wie klein ich da war! Und, wer hält mich denn da?« – »Das ist Christa, unsere Hebamme, die war bei deiner Geburt dabei.« – »Eine Hebamme, was macht die denn?« – »Eine Hebamme ist so etwas wie ein guter Engel. Sie kommt zu den Frauen, wenn sie ihr Kind bekommen, und ist einfach da. Du musst wissen, es tut sehr weh, wenn das kleine Baby aus dem Bauch kommt. Und da hilft sie der Mutter, richtig zu atmen und die Kräfte gut einzuteilen. Mit ihren Händen wischt sie den Schweiß von der Stirn und tröstet. Schon vorher fühlt sie den Bauch ab, ob alles in Ordnung ist und ob es dem Kind gut geht. Sie hat immer wieder deine Herztöne abgehorcht. Dazu hat sie ein Hörrohr auf meinen Kugelbauch und an ihr Ohr gehalten.« »Dauert das denn lange, bis das Baby endlich da ist?« – »Bei dir hat es lange gedauert, und gut, dass die Hebamme da war, denn es wurde sogar ein wenig bedrohlich. Als dein Köpfchen geboren wurde, da hat sie es ganz behutsam gehalten. Aber dann musste sie schnell die Nabelschnur durchtrennen, die dich im Bauch mit Blut versorgt hat. Die hatte sich um deinen Kopf gewickelt und war ganz abgedrückt. Danach warst du zum Glück bald geboren. Die Hebamme hat dich in ein warmes Tuch gewickelt und auf meinen Bauch gelegt.«

»War das bei meiner kleinen Schwester auch so?«, will Andreas nun wissen und schaut zur Wiege hinüber. Die Mutter lacht. »Diesmal war es ganz anders, dein Schwesterchen hatte es auf einmal ganz eilig. Fast wäre die Hebamme zu spät gekommen. Zum Glück kam Christa noch rechtzeitig und mit ihren Händen hat sie deiner kleinen Schwester ans Licht der Welt geholfen. Vorhin, als du in der Schule warst, war Christa hier und hat sie gewickelt. Und dann hat Luisa an meiner Brust ein wenig getrunken.« »Kommt die Hebamme noch mal?«, fragt Andreas. »Ja, morgen kommt Christa wieder.«

»Prima, morgen ist Samstag, dann kann ich zuschauen!«

Am nächsten Morgen kann Andreas es kaum erwarten, er läuft gleich zur Tür, um die Hebamme zu begrüßen. Zunächst schaut sie nach der Mutter, fragt nach ihrem Bauch, fragt, ob sie gut geschlafen hat und ob es mit dem Stillen klappt. Und dann ist das kleine Baby an der Reihe. Andreas steht neben dem Wickeltisch und schaut genau zu. Zuerst wird das Baby ausgezogen und gewaschen. Vorsichtig tupft die Hebamme den Nabel ab. »Schau, hier siehst du den Nabel. Noch muss er gut gepflegt werden und in ein paar Tagen sieht er genauso aus wie bei dir.« Nach dem Anziehen nimmt die Hebamme das Baby auf. Andreas darf es zu seiner Mutter tragen. Ganz stolz und vorsichtig trägt er seine kleine Schwester. Dann legt die Hebamme der Mutter das Baby zum Trinken in die Arme. Schnell findet es seinen Platz an der Brust und nuckelt zufrieden.

Einige Tage später kommt Christa am Nachmittag. Da ist die kleine Luisa meistens wach, und heute soll sie gebadet werden. Andreas ist natürlich dabei, ja, er darf seine Schwester sogar in der Wanne halten. Das gefällt ihm. Es ist schön, solch eine große Verantwortung zu haben, aber es ist gar nicht so leicht!

»Hast du einen schönen Beruf?«, fragt er ganz unvermittelt die Hebamme. Und dabei denkt er an seinen Papa, der oft über die Arbeit im Büro schimpft. »Gibt es auch Ärger?« Die Hebamme schaut Andreas an und muss nachdenken. »Weißt du, eigentlich ist es schön, kleinen Menschen dabei zu helfen, auf die Welt zu kommen. Ärger habe ich nur selten. Manchmal brauche ich aber ein bisschen Mut. Dann muss ich mich für die kleinen Säuglinge einsetzen. Ich möchte, dass sie wirklich alles bekommen, was sie in den ersten Monaten zum Leben brauchen.

Es gab aber auch Zeiten, in denen die Hebammen dafür sehr mutig sein mussten. Da hatten sie es mit Menschen zu tun, die gar nicht wollten, dass die Kinder leben.«

»Aber das darf doch gar nicht sein!«, protestiert Andreas sofort und schaut das kleine Schwesterchen in seinen Armen an.

»Recht hast du, und deshalb erzähle ich auch gern die Geschichte von den beiden Hebammen Schifra und Pua bis heute weiter:

Einst lebten in Ägypten viele Israeliten. Sie waren Sklaven, und die Männer bauten Städte und Straßen für den Pharao. Doch die Israeliten waren ein großes Volk, und der Pharao bekam Angst vor ihnen.

Da befahl er den Hebammen der Israeliten: ›Tötet alle Jungen, gleich wenn sie geboren sind!‹ Aber das wollten die Hebammen nicht. Sie waren da, um den kleinen Säuglingen zum Leben zu helfen. ›Gott will das Leben‹, dachten Schifra und Pua, sie taten nicht, was der Pharao befahl. Als der es merkte und sie zur Rede stellte, sagten sie zu ihm: ›Wie können wir deinen Befehl erfüllen? Die Frauen aus Israel bekommen ihre Kinder auch ohne uns.‹ Da konnte der Pharao nichts gegen sie tun, aber Gott segnete ihre Arbeit.«

Während Christa von Schifra und Pua erzählt, hat sie die kleine Luisa abgetrocknet, gewickelt und frisch angezogen. Nun schläft Luisa zufrieden im Arm ihrer Mutter.

Als sich die Hebamme verabschiedet, ruft Andreas ihr nach: »Tschüss, und pass gut auf die kleinen Kinder auf!« Von der Haustür hört er die Hebamme rufen: »Versprochen!«

2 Mose 1,15-22

Impuls zur Weiterarbeit

»Es müssen nicht Männer mit Flügeln sein«, hat Rudolf Otto Wiemer über die Engel gedichtet.
In dieser Geschichte wird am Beispiel der Hebammen Schifra und Pua gezeigt, wie Frauen durch ihre Zivilcourage zu Schutzengeln werden können.

Julian kann nicht schlafen

Heute ist ein aufregender Tag für Julian. Den ganzen Tag ist er mit dem Bus unterwegs gewesen. Zusammen mit seiner Mutter fährt er zu einer Kur auf die Insel Borkum. Seine größere Schwester muss beim Papa zu Hause bleiben, sie geht schon zur Schule. Der Arzt hatte gesagt, es ist gut für Julian, vor der Einschulung ans Meer zu fahren.

Das letzte Stück der Reise mit der Fähre über das Meer ist besonders spannend. Julian zeigt Teddy, seinem Begleiter und Tröster auf langen Reisen, das ganze Schiff.

Auf der Insel werden sie in einem schönen weißen Haus am Strand begrüßt. Julian bezieht mit seiner Mama ein Zimmer im dritten Stock. Das Zimmer hat einen Balkon, von hier kann Julian das Meer sehen. Und seine Mutter freut sich schon auf einen Mittagsschlaf in der Sonne. Beim Abendessen lernen sie alle anderen Mütter und ihre Kinder kennen. Der Hausverwalter erklärt alles Notwendige. Er erzählt den Kindern auch von Ebbe und Flut und dass sie nur in Begleitung von Erwachsenen am Strand spielen dürfen. Dann stellt sich die Erzieherin vor, zu der die Kinder morgens in den Kindergarten gehen.

Nun ist Zeit zum Schlafengehen. Nach der Gute-Nacht-Geschichte drückt die Mutter Julian seinen Teddy in den Arm und sagt: »Gute Nacht, mein großer Junge, ich sitze noch ein wenig auf dem Flur vor unserem Zimmer.«

Julian kuschelt sich an seinen Teddy. Seine Mutter macht das Licht aus und schließt die Tür. Er hört sie von fern mit den anderen sprechen. Im Zimmer ist es dunkel, nur ab und zu wandert vom Fenster her ein Lichtstrahl an der Wand entlang. Draußen rauscht das Meer, für Julian ist das ein ungewohntes Geräusch.

Als er fast eingeschlafen ist, schreckt er plötzlich hoch. Er muss an Ebbe und Flut denken: »Und was ist, wenn das Meer über den Deich kommt?« Er bekommt Angst, so ganz allein. Er nimmt seinen Teddy und geht vor die Tür: »Mama, komm mal, ich kann nicht schlafen!«

Seine Mutter kommt mit ihm ins Zimmer. »Was ist denn los mit dir, Julian!« »Das Meer ist so laut. Der Mann hat vorhin gesagt, es kommt immer näher. Was ist, wenn die Flut über den Deich läuft?«

»Aber Julian, das Meer steigt nicht mehr höher. Es ist Flut, jetzt geht es schon bald langsam zurück. Morgen, wenn ihr am Strand spielt, dann kommt es wieder. So geht es hier Tag für Tag und Nacht für Nacht.« – »Ach so.«

»Ich gehe jetzt wieder, schlaf gut.« Die Mutter geht und schließt die Tür. Julian ist nun wirklich müde und sagt zu seinem Teddy: »Brauchst keine Angst haben, Teddy, das Meer geht wieder, es rauscht nur so laut!«

Julian ist sehr müde, aber er kann nicht schlafen, selbst wenn er die Augen ganz fest zukneift. Das Licht vom Leuchtturm leuchtet so hell ins Zimmer und die Gardinen werfen Schatten an der Wand. Gruselig sieht das aus, wie Gespenster.

»Aber Teddy, es gibt doch keine Gespenster!« Da wandert schon wieder ein Schatten über die Wand, geradewegs auf sein Bett zu. »Mama!« Julian ist in seinem Bett hochgeschreckt, den Teddy hat er ganz fest an sich gedrückt.

Zum Glück kommt die Mutter ganz schnell. »Mama, komm mal, die Schatten an der Wand, die sind so gruselig, wie Gespenster!«

Da nimmt die Mama Julian ganz fest in den Arm. »Komm, halt dich fest, ich zeig dir was.« Ganz fest kuschelt sich Julian an ihren Hals. Die Mutter öffnet die Tür und trägt ihn auf den Balkon. Es ist finster und das Meer rauscht. Nur der helle Strahl des Leuchtturms läuft durch die Dunkelheit, wieder und wieder.

Hinter einer Wolke kommt der Mond zum Vorschein, groß und rund. Und sein Licht strahlt wie eine Silberstraße vom Himmel über das Meer, direkt zu dem großen weißen Haus am Strand mit dem Balkon, auf dem Julian mit seiner Mama steht. »Da, schau, mein lieber Julian, der Mond. Er leuchtet für uns in der dunklen Nacht.«

Aber da ist Julian schon ganz fest eingeschlafen.

Impuls zur Weiterarbeit

Diese Geschichte aus der Erfahrungswelt der Kinder nimmt Motive der Angst und der Geborgenheit auf, wie sie z.B. in »Stillung des Sturmes«, S. 134, enthalten sind, einer Mutmachgeschichte für die ersten Christen in Bedrängnis.

11. *Wird alles wieder gut?*

Geschichten von Streit, Versöhnung und Neuanfang

Kinder erleben beinahe täglich ihre Verstrickung in Streit und Konflikte, selten geht es zunächst gut aus. Der Stärkere setzt sich durch, ein Konflikt wird mit Gewalt gelöst, es gibt Gewinner und Verlierer. Die Kinder erleben dabei auch, wie schwer es ist, fair zu bleiben und im Streit den Blick für die Interessen es anderen zu bewahren.

Nicht nur zum Ende des Kirchenjahres ist das Thema Gewalt und Überlegungen zur Überwindung von Gewalt Ausgangspunkt für Gespräche und Aktionen in Schulen und Gemeinden. Die Erzählungen dieses Kapitels möchten zum Gespräch anregen. Sie beginnen mit der Zumutung Jesu zur Feindesliebe, wie er sie in der Bergpredigt formuliert. An ihre Seite gesellt sich die Begegnung Jesu mit Zachäus, erzählt aus der Perspektive von dessen Tochter. Sie erzählt von den Chancen, die Jesu grenzüberschreitendes Verhalten eröffnet.

Um Versöhnung und Chancen zu einem neuen Beginn und um dauerhafte und gewaltreduzierte Lösungswege von Konflikten ohne Sieger und Besiegte geht es auch in den beiden Texten aus der Lebenswelt der Kinder.

Eine anspruchsvolle Aufgabe – liebet eure Feinde

»Selig sind die Menschen, die Frieden stiften, denn sie werden Gottes Kinder heißen.«

So hat Jesus es den Frauen und Männern gesagt, die zu ihm auf den Berg gekommen waren.

Das war leicht gesagt. Das andere fällt viel leichter: Streit anstiften, das geht gut. Dazu fällt jedem etwas ein. Geschwister untereinander kennen genau die Reizwörter, mit denen sie sich ärgern können. Ein Wort reicht, und der schönste Streit ist vom Zaun gebrochen.

Frieden stiften, das ist schon schwieriger. Frieden machen, den Streit beenden, anderen zu verzeihen, dazu muss ich ja über meinen eigenen Schatten springen. Und das ist doch unmöglich! Oder?

Jesus hat es von denen erwartet, die ihm nachfolgen. Er wusste, wovon er sprach, denn oft genug hatte er Menschen gegen sich aufgebracht. Von Gottes Liebe zu reden und zu sagen, dass Gott alle Menschen lieb hat, das hat die Menschen geärgert. Ich gehöre dazu, aber der oder die, so wie die leben? Das darf nicht sein!

Wer wie Jesus sagt, dass Gottes Liebe grenzenlos ist, der bekommt Ärger mit denen, die lieber Grenzen setzen und sagen: Ich gehöre zu den Guten, und die anderen gehören zu den Bösen. Und dazwischen ist eine Mauer, und so ist das auch gut.

Aber Jesus ließ sich nicht beirren. Auch wenn es viele Einwände gab: Schaut euch die Welt an, wie sie ist. Eine endlose Geschichte von Leid, das sich die Menschen gegenseitig antun. Und oft fühlen sich beide im Recht: Die anderen haben angefangen, ich kann mir doch nicht alles gefallen lassen! Irgendwo hört die Freundschaft doch auf!

Ja, erwiderte Jesus, ich weiß, dass ihr bemüht seid, eure Nächsten zu lieben. So steht es ja auch in den Weisungen Gottes. Ich aber sage euch: Liebet eure Feinde! Bittet für die, die euch verfolgen!

Und wenn sie euch auch verfluchen, so denkt doch Gutes über sie!

Aber das kann doch keiner verlangen! So werden vielleicht einige gesagt haben, leise nur, aber doch so, dass Jesus es hörte. Und sie dachten sicher auch an die vielen Demütigungen, die sie schon erleiden mussten.

Ihr seid Kinder Gottes, darum lädt er euch dazu ein. Gott hat etwas vor mit der Welt und den Menschen, die darauf leben. Und der Frieden kann gelingen, wenn ihr ihm vertraut.

Schaut euch den Regen im Frühling an. Regnet er nur auf die Felder der Menschen, die in euren Augen gut sind? Und die Sonne, die Gott scheinen lässt. Scheint sie nur auf die Guten und die anderen gehen leer aus?

Vertraut Gott und seinen neuen Wegen des Friedens. Nur gut zu sein zu denen, die gut zu euch sind, was ist daran neu?

Das tun doch alle, selbst die Zollpächter, die mit den Römern zusammenarbeiten und euch ausnehmen.

Ganz nachdenklich wurden da die Frauen und Männer um Jesus. Die Feinde lieben, das ist aber nichts für Schwache, dachten da einige.

Und wir sollen wirklich den ersten Schritt auf den anderen zugehen? Und wenn er das ausnützt?

Aber vielleicht ist er ja selber nicht glücklich, vielleicht wartet er ja auch nur darauf, dass endlich Schluss ist mit Hass und Streit.

Aber es ist wirklich nicht leicht, die Hand zu reichen, wenn sie so lange zu Fäusten geballt waren. Das gilt besonders für den Frieden zwischen den Völkern. Über 150 Kriege zwischen Völkern dieser Erde hat es seit dem Zweiten Weltkrieg gegeben. Und jeden Tag werden Bilder voller Hass und Gewalt im Fernsehen gezeigt. Ganz selten, dass da Menschen die Hände reichen und einen neuen Anfang wagen.

Aber, Frieden muss gewagt werden!

Matthäus 5,9.43-48

Ruth, die Tochter des Zachäus, erzählt

Ich bin Ruth. Ihr kennt mich noch nicht, die Großen fanden mich nicht so wichtig. Obwohl, wenn ich nicht gewesen wäre ...

Das war der schönste Tag in meinem Leben. Nie werde ich ihn vergessen. Der Tag, an dem Jesus in unser Haus gekommen ist. Dabei hatte er gar nicht schön angefangen. Ich hatte Streit mit meinen Eltern. Immer, wenn ich aus dem Haus will, gibt es Streit. Manchmal fällt mir die Decke auf den Kopf bei uns. Immer bin ich allein, ohne Freunde. Und dann zählen mir meine Eltern mal wieder auf, was sie alles für mich gekauft haben. Letztes Jahr habe ich sogar ein eigenes Pferd geschenkt bekommen. Aber es macht keinen Spaß zu reiten, wenn man keine Freunde hat.

An diesem Tag lief ich einfach weg. Es ist nicht so leicht. Rund um das Haus ist eine hohe Mauer und das Tor ist fest zu. Aber neben dem Tor wächst ein Strauch, da kann ich über die Mauer klettern, das schwere Tor bekomme ich allein nicht auf.

144

Vorsichtig schlich ich zum Brunnen. Wenn Kinder mir entgegenkamen, wechselte ich die Straßenseite. Manchmal riefen sie mir böse Worte hinterher. Ihre Eltern hatten ihnen verboten, mit mir zu spielen. Mit einer aus dem Haus wollen wir nichts zu tun haben!

In der Stadt war es unruhig. »Jesus kommt nach Jericho.« Wie ein Lauffeuer hatte es sich herumgesprochen und viele waren neugierig. »Sollte es wahr sein, dass er den blinden Bettler vor dem Tor geheilt hat?« Ich dachte mir: »Wenn er vom Stadttor kommt, dann muss er hier vorbei.« Hinter mir drängelten sich die Erwachsenen. Ich hatte einen guten Platz gefunden und wartete. Zum Glück achtete keiner auf mich. Auf einmal hörte ich eine Stimme hinter mir: »Bitte, lasst mich doch durch!« War das nicht die Stimme meines Vaters?

Die Leute um mich herum wurden böse: »Ha, seht euch den kleinen Gernegroß an, er will hier durch! Mach, dass du fortkommst, geh zum Stadttor und zähl dein Geld, für einen wie dich ist hier kein Platz!« – »Bitte!« Das war tatsächlich die Stimme meines Vaters. Ich krabbelte durch die Beine der Großen zu ihm. Vater war sehr aufgeregt. Ich nahm ihn bei der Hand. Ich weiß auch nicht, wie ich auf die Idee kam. Ich zog ihn einfach hinter mir her zum Brunnen. Neben dem Brunnen stand ein alter Maulbeerbaum. Auf den breiten Zweigen konnte man gut sitzen und alles überblicken und man wurde nicht gleich gesehen. Wie oft habe ich da oben gesessen und den Kindern beim Spielen zugeschaut. Mitspielen konnte ich ja nicht. Die anderen Kinder sagten: »Hau ab, Ruth, mit einer wie dir dürfen wir nicht spielen.«

Ich zerrte Vater also zu dem Baum: »Los, steig herauf!« Erst schaute er mich ungläubig an: »Wer, ich? Auf den Baum?« – »Ja, los, warum nicht? Willst du nun Jesus sehen oder nicht?« Und dann stieg er tatsächlich hoch. Ich drängelte mich nach vorn zu dem Brunnen. Was wird passieren? Bald kamen einige Menschen die Straße herauf. »Der da vorn, der junge Mann, das ist Jesus!«

Zwei Frauen neben mir wussten Bescheid. »Alles wird anders, wo er ist. Schaut, der Blinde, wie viele Jahre hat er vor dem Tor gesessen, ein armer Bettler ohne Hoffnung. Und jetzt, seht nur seine Augen, dieses lebendige Lachen, das steckt ja richtig an!«

Inzwischen war Jesus fast am Brunnen angekommen.

Auf einmal schaut er hoch, zu meinem Vater. Und dann, stellt euch vor, ruft Jesus meinen Vater, er ruft ihn mit Namen: »Zachäus, schnell, komm gleich herunter, ich muss zu dir in dein Haus, heute!« Und mein Vater kommt herunter. Er ist aufgeregt, und er freut sich. Er streckt Jesus die Arme entgegen. Zusammen gehen sie zu unserem Haus.

»Warum Jesus ausgerechnet in unser Haus will? Sicher, es ist fast das Größte im Ort, und schön ist es auch. Aber mir gefällt es nicht. Dunkel ist es darin, traurig und einsam. Um das Haus herum ein großer Zaun und ein Tor, ein schweres Tor, das immer geschlossen ist. Weil Vater Angst hat vor den Menschen in der Stadt. Reich ist er geworden von ihrem Geld, und unglücklich ist er.

Und in dieses Haus will Jesus? Ob dann endlich auch bei uns wieder die Sonne scheint? Ob Mama wieder lachen kann, so wie der geheilte Blinde mit seinen strahlenden Augen? Ich bin vorsichtig geworden, ich halte erst einmal Abstand. Was ich da zu hören kriege, ist nicht schön: »Ausgerechnet zu diesem Betrüger geht Jesus, zu diesem gottlosen Menschen. Das gehört sich nicht!« Jesus scheint das nicht zu beeindrucken. Das schwere Tor steht auf, Türen und Fenster sind weit offen. Ich höre fröhliche Stimmen. Jesus ist zu Gast in unserem Haus! Schnell gehe ich hinein. Einige Neugierige trauen sich auch in den Hof. Vater hat ein Essen auftragen lassen: Obst, Brot, Käse und Wein stehen da. Und jetzt steht er auf und spricht zu Jesus; laut, dass es alle hören können: »Ich kann nicht mehr so weiterleben, das ist kein Leben. Jesus, das muss anders werden. Die Hälfte von meinem Besitz will ich den Armen geben. Ich habe viele Menschen betrogen. Ich will ihnen ihr Geld vierfach zurückgeben.«

Jesus schaut ihn an. Er streckt Vater seine Hände entgegen und spricht. Alle können es hören, auch die Neugierigen, die am Tor stehen und böse Blicke werfen. »Zachäus, heute ist neues Leben in dieses Haus eingekehrt. Du gehörst zu Gott, so wie alle Menschen in Jericho. Ich komme zu den Menschen, die verloren sind, damit ich sie für Gott wiederfinde.«

Das hat Jesus gesagt, und mich hat er auch dabei angeschaut. Ob jetzt alles besser wird? Ich wünsche es mir so sehr. Sicher, viele von denen, die mit mir gekommen waren aus Jericho, sind wütend nach Hause gegangen. Aber einige sind auch dageblieben. Es ist ein fröhliches Fest geworden, wie ein Geburtstag. Mein Vater lacht wieder heute Abend. Wie lange habe ich sein Lachen nicht mehr gehört! Und auch Mutter ist so glücklich. Überhaupt, heute ist es richtig hell in unserem Haus, obwohl es schon Abend ist. Viele Menschen freuen sich mit uns. Das Tor steht weit offen; dieses große Tor, das so lange geschlossen war. Es soll nicht wieder zugehen, Jesus hat es aufgemacht. Ob ich jetzt auch Freunde finde? Ich wünsche es mir so sehr, heute, am schönsten Tag in meinem Leben.

Lukas 19,1-10

Impuls zur Weiterarbeit

Figurenschattenspiel mit einem Tageslichtprojektor als Lichtquelle

Material: Tageslichtprojektor als Lichtquelle;
eine Schattenspielwand (sollte mindestens aus zwei aneinander genähten Bettlaken bestehen);
Befestigungsmöglichkeiten: Ein Seil, das an Haken oder auch mit Schraubzwingen befestigt wird;
zwei Mikrofon- oder Kartenständer, zwischen denen das Tuch mit einer langen Zeltstange aus dem Campingzubehör aufgehängt wird.
Für die »Kulissen« auf der OHP-Fläche:
Papier zum Reißen oder Schneiden, Scheren und Klebstoff;
Farbfolien;
Naturmaterialien;
Folien, Folienstifte.

Beschreibung:
Für viele Kinder ist es eine besondere Freude, in eine Rolle der Geschichte zu schlüpfen und selbst zu spielen. Als Hemmnis wirkt dann manchmal die Gruppe, vor der es sich schämt. Beim Schattenspiel nun ist eine Distanz vom »Publikum« möglich, die Kinder ihre Rollen ausspielen lässt. Natürlich macht es dann auch Spaß, mit den Möglichkeiten der Projektion über den Tageslichtprojektor zu experlmentieren.
Diese Methode, die einige Vorbereitung braucht, kombiniert das klassische Schattenspiel mit den Möglichkeiten der Projektion

durch den Tageslichtprojektor. Die einzelnen Szenen der biblischen Geschichte werden hinter dem Tuch pantomimisch gespielt. Dabei ist auf Seitenprofil zu achten. Die Erzählung folgt dabei den Spielbewegungen, damit keine Hektik entsteht.

Der Clou ist nun: Die Kulissen sind über den Tageslichtprojektor eingeblendet.

D.h. für diese Geschichte: Zachäus kann mühelos auf einen Stuhl steigen. Die auf der Projektionsfläche aus Ästen und Blättern vorbereitete Kulisse versetzt ihn in einen Baum.

Alle gegen Timo?

»Komm' doch, du Feigling!« Sechs hämisch grinsende Jugendliche saßen auf der Bank an der Bushaltestelle.

Timo sprang aus dem Bus und lief los. Nur noch hundert Meter bis nach Hause, dann hatte er es geschafft. Jeden Tag nach der Schule ging das so. Vorgestern haben sie ihn getreten, als er aus dem Bus ausstieg, und ihm nachgerufen: »Lass dich nur nicht mehr hier sehen!«

Am liebsten würde er sich verstecken vor Angst, aber da ist eben die Schule. Einen Tag hatte er schon geschwänzt, aber natürlich gab es da neuen Ärger. Was sollte er nur machen?

Dabei hatte alles ganz harmlos begonnen. Vor drei Wochen noch saß er selber mit auf der Bank an der Haltestelle. Und mit den anderen zog er über jeden her, der vorbeikam. In der Clique fühlte er sich stark. Was sollte er auch den ganzen Nachmittag allein zu Hause machen? Seine Mutter kam erst spät wieder von der Arbeit. Mike und die anderen waren immer da. Und was Mike sagte, war Gesetz. »Hätte ich bloß den Mund gehalten«, dachte Timo manchmal.

»Besorg mal 'n paar Zigaretten!«, hatte Mike gesagt und auf den Supermarkt gegenüber gedeutet. ›Besorgen‹ hieß bei Mike: ›einfach mitnehmen, ohne zu bezahlen.‹ Das konnte Timo nicht und er wollte auch nicht. Aber was sollte er machen? Er hatte kein Taschengeld mehr und seine Mutter war nicht zu erreichen. Also tat er, als ob er in den Supermarkt ging, und flitzte dann nach Hause. Abends hat er seiner Mutter dann von Mike und den Zigaretten erzählt. Seine Mutter war wütend: »Geh' da bloß nicht wieder hin!«

Nun saß Timo zwischen allen Stühlen. Er wusste, sie würden ihn nicht in Ruhe lassen. Zum Glück fuhren sie auf Klassenfahrt. Endlich mal eine Woche Pause!

Doch dann kam die Enttäuschung: Sie fuhren mit der Parallelklasse zusammen, und da war ja Markus dabei. Markus gehörte auch zur Clique von Mike, und er ließ es ihn gleich am Zug spüren: »Na, du Weichei!«

Am ersten Abend saßen sie im Speisesaal der Jugendherberge zusammen um einen großen Tisch und besprachen das Programm der nächsten Tage. In der Mitte standen belegte Brote, Kuchen und Plätzchen, dazu Krüge mit kühlem Saft. Es war richtig gemütlich.

Nur Timo fühlte sich nicht wohl in seiner Haut. »Wenn bloß der Markus mich nicht immer so blöd anmachen würde!«, dachte Timo. »Lass mich endlich in Ruhe!«, brüllte er plötzlich. Der Lehrer ermahnte ihn sofort, fragte nach einer Erklärung, aber Timo gab keine Antwort. Markus machte sein bekanntes: »Was-soll-ich-denn-gemacht-haben«-Gesicht und grinste. »Nur gut, dass der Tisch zwischen uns ist, sonst könnte ich für nichts garantieren!« Timo war außer sich. »Versteht mich denn keiner hier?«

»Ich weiß, warum Timo so wütend ist«, sagte da Sabine. Sie wohnte in der Nebenstraße und hatte den Streit schon mitbekommen. Der Lehrer forderte sie auf zu erzählen, was vorgefallen war. Alle hörten aufmerksam zu, und viele konnten etwas dazu sagen. Mike und seine Clique waren gefürchtet, aber niemand traute sich etwas zu sagen. Alle dachten: ›Ich muss allein damit fertig werden.‹ »Kein Wunder, dass die sich so stark fühlen!«, sagte Sabine und schaute zu Markus.

In den folgenden Tagen überlegten sie, wie sie sich nach der Klassenfahrt verhalten konnten. Erst waren sie vorsichtig, damit Markus nichts mitbekam, dann aber immer offener. Die Angst war gewichen. Und außerdem wollten sie dem Markus ja überhaupt nichts. Er sollte bloß aufhören, die anderen zu schikanieren. Sie beschlossen für die nächsten Tage, gemeinsam mit dem Bus zur Schule und zurückzufahren. Timo wollten sie vorsichtshalber in die Mitte nehmen.

Auf der Rückfahrt saß Timo übrigens mit Markus und Sabine in einem Abteil und spielte Karten. Eigentlich kein Wunder, denn Timo und Markus hatten schon immer gern zusammen gespielt ...

Ich könnte ihm eine 'reinhauen!

Nach den großen Ferien war Jörg in die fünfte Klasse der Realschule in der Stadt gekommen. Ganz viel Neues kam da auf ihn zu. Am Morgen musste er mit dem Schulbus fahren. Meistens ging es nicht ohne ein bisschen Drängeln, sonst ließen ihn die Größeren gar nicht erst hinein. Und dann die große Schule, so viele Schüler, und die neuen waren natürlich die Kleinsten. Zum Glück waren die meisten aus seiner alten Klasse auch mit in die Realschule gegangen, da kannte er wenigstens einige. In seiner Klasse war auch ein neuer Schüler aus seiner Nachbarschaft. Er hieß Thomas und wohnte in der Parallelstraße. Thomas war schnell bei seinen Mitschülern beliebt. Er war sehr schlagfertig und konnte sich gegenüber den älteren Schülern im Bus gut behaupten.

Manchmal traf sich Jörg nachmittags mit Thomas. Er hatte ihm gezeigt, wo man am besten über die Mauer zwischen den beiden Grundstücken zwischen den Gärten klettern konnte, die zu den Häusern von Jörg und Thomas Eltern gehörten. Meistens spielten sie bei Jörg. Thomas lebte mit seiner Mutter allein, und sie wollte nicht, dass in ihrer Abwesenheit fremde Kinder in der Wohnung spielten. Nach einigen Wochen aber traf Thomas sich lieber mit Bernd und seinem großen Bruder. Dann fuhren sie nachmittags in die Stadt. Jörg durfte da nicht mitfahren, seine Mutter erlaubte das nicht.

Eines Morgens, es war schon November und das Wetter war unfreundlich und dunkel, kam Jörg etwas später zur Bushaltestelle. Als er um die Ecke bog, hörte er schon von weitem Thomas Stimme. »Da kommt ja unser Muttersöhnchen! Na, darfst denn schon so früh allein mit dem Bus fahren?« Alle lachten, auch die ehemaligen Freunde von Jörg. Jörg ballte die Faust in der Tasche. Am liebsten hätte er Thomas eine 'reingehauen. »Große Klappe, nichts dahinter«, zischte er leise vor sich hin. Er hatte schon längst gemerkt, was Tom, wie sie ihn alle nannten, für ein Spiel spielte. Aber die anderen fanden das wohl ganz in Ordnung, dass er ständig andere fertig machte. Er beschloss, Thomas wie Luft zu behandeln. In der vierten Stunde hatten sie Sport. Reckturnen, das konnte Jörg gut. Er sah Thomas auf der Seite sitzen und dachte: »Typisch Tom, der drückt sich wieder, dieser schlaffe Sack!« Nach Jörg war Sabine an der Reihe. Jörg schloss die Hände zur Räuberleiter und sie kletterte an die Stange. Da hing sie und versuchte verzweifelt

150

sich hochzuziehen. »Ich hasse dieses Reck!«, keuchte sie. Und dann hatte Tom seinen großen Auftritt: »Jetzt guckt euch mal die Sabine an, hängt am Reck wie eine schlecht gestopfte Leberwurst!« Alle lachten, nur nicht Sabine, und Jörgs Gesicht wurde finster. »Halt endlich dein großes Maul, es reicht!«, schrie er durch die Halle. Plötzlich war es ganz ruhig in der Halle.

In der Hofpause kam Uwe, einer der alten Freunde, zu Jörg. »Endlich einer, der ihm die Meinung sagt. Uns stinkt das schon lange, dass der alle niedermacht, aber was sollen wir denn machen?«

»Ihr habt ja nur Angst!« Jörg ist immer noch stinksauer, besonders weil er Sabine gern mag. Aber das darf keiner wissen von den Jungen.

Jörg hatte sich für den Nachmittag mit Uwe verabredet. Es war regnerisch und so wussten sie nicht so recht, was sie draußen spielen sollten. Da flog auf einmal ein Ball in den Garten. »He, das ist Toms neuer Ball«, sagte Uwe, »der hatte doch gestern Geburtstag! Hast du dein Taschenmesser dabei? Irgendwie ist der viel zu prall aufgepumpt.« Sie lachten.

Und dann hörten sie eine laute Stimme aus dem Nachbargarten, das war Thomas Mutter. »Bist du zu blöd, im Garten zu spielen?« , machte sie ihn zur Schnecke, »sieh' bloß zu, dass du deinen Ball wiederbringst, sonst kannst du was erleben!«

Leise kletterten Jörg und Uwe an der Mauer hoch und versteckten sich in einem Gebüsch. Auf der anderen Seite stand Thomas, ganz klein und mit Tränen in den Augen.

Als er Jörg und Uwe entdeckt, will er weglaufen. »Hier, Tom, dein neuer Ball!« Jörg hält ihn hoch. Langsam kommt Thomas die Mauer hinaufgeklettert. »Sollen wir noch 'ne Runde kicken?«

Impuls zur Weiterarbeit

Diese Erzählung kann im letzten Abschnitt nach: »... will er weglaufen.« unterbrochen werden. Die Kinder finden eigene Varianten zum Ausgang der Geschichte. Dazu kann als biblischer Text die Geschichte »Eine anspruchsvolle Aufgabe – liebet eure Feinde«, S. 142, als Impuls dazugenommen werden.

12. *Wo geht der Schmerz hin, wenn er weggeht?*

Geschichten von Krankheit, Abschied und Tod

Im Umgang mit dem Tod verschlägt es uns häufig die Sprache. Oder wir flüchten uns in unverbindliche Begriffe, besonders gegenüber den Kindern. Wir reden vom Schlaf, davon, dass jemand von uns gegangen ist, so, als ob wir das Tabu nicht aussprechen können: Ein Mensch ist gestorben. Gerade Kinder aber brauchen unsere Klarheit der Sprache, denn sie denken in den Bildern, die wir ihnen anbieten. ›Wo ist der Opa hingegangen, wenn er doch von uns gegangen ist? Wann wacht Oma wieder auf, wenn sie doch friedlich eingeschlafen ist?‹

Angesichts solch offener Fragen spüren wir unsere Unsicherheit. Denn auch wir fragen nach den Antworten, wollen gerade hier Gottes Spuren entdecken. Wir fragen nach dem Gott, der das Leben in seiner Hand hält. Dessen Liebe zu den Menschen so groß ist, dass er durch den Tod seines Sohnes hindurch erwiesen hat: Ich bin stärker als der Tod. Der uns zumutet: ›Steh auf, Mensch, ergreife dein Leben, in aller Endlichkeit ist es dir anvertraut, in aller Ewigkeit ist es gut aufgehoben in Gottes Hand.‹ Dies ist das Geheimnis Gottes und seiner Liebe zu den Menschen, und doch bleibt der Tod unbegreiflich und feindlich.

Das Geheimnis des Lebens liegt mit den Worten der Bibel nun allerdings nicht in der Verdrängung dieses Tatbestandes, sondern in seiner bewussten Annahme. Dabei, wie in der Erzählung von Hiskia im Kapitel zum Thema Angst und Mut, wird sehr menschlich davon erzählt. Weil ich in Tod und Leben gehalten bin in der großen Schöpfungsweisheit Gottes, darum kann mein kleines begrenztes Leben sinnvoll und erfüllt sein. Das macht den Wert des Augenblicks erst aus und ermöglicht Nachsicht, denn ich kann und soll wohl auch nicht alles leisten. Ich bin eingereiht in die Reihe der Menschen, die vor mir waren und nach mir sein werden. Mit aller Vorsicht und gleichzeitiger Vollmundigkeit erzählt der Text von der Auferweckung eines Kindes von diesem Geheimnis.

An dieser Stelle ist nicht der Raum, über Todesvorstellungen von Kindern zu schreiben, hier geht es um ein Plädoyer für eine offene und ehrliche Begegnung mit den Kindern bei diesem Thema, und das in aller Unsicherheit, die Erwachsene mitbringen. Gerade hier brauchen die Kinder die Gewissheit, dass ihre Fragen ernst genommen werden und Menschen sich mit ihnen gemeinsam auf die Suche nach Antworten machen.

Die beiden Texte aus der Lebenswelt der Kinder sind mit Absicht sehr kurz und lassen den Kindern Raum für ihre eigenen Erfahrungen. Kinder brauchen Gelegenheit, das Trauern zu lernen. Sie brauchen Möglichkeiten zur Rückerinnerung, zu starken Gefühlen, auch Schuldgefühlen und Wut, dazu Möglichkeiten, über die kleinen Verluste zu trauern und sich von Verstorbenen zu verabschieden. In solchen Trauerzeiten versuchen sie, die Endgültigkeit des Todes zu begreifen und brauchen Gelegenheit, ihre Gefühle über den Verlust durchzuarbeiten. Im Hören der Geschichten kann Vorwegnahme von Erfahrungen geschehen und ein Einüben in die Gefühle, von denen wir im Angesicht des Todes betroffen sind.

Steh auf, mein liebes Kind!

Jesus hat Menschen aus der Angst befreit. Ja, es wird uns erzählt, dass er auch dort neues Leben gebracht, wo der Tod herrschte.

In Kapernaum lebte ein Mann mit Namen Jaïrus. Er gehörte zum Vorstand der Synagogengemeinde dieser Stadt, überall war er geachtet. Er wohnte in einem großen Haus zusammen mit seiner Frau, seiner kleinen Tochter und seinen Bediensteten. Die Tochter war gerade zwölf Jahre alt. Das war für die damalige Zeit schon fast erwachsen. Eines Tages nun wurde die Tochter des Jaïrus schwer krank. Tag für Tag wurde sie schwächer, bis sie nicht mehr aufstehen konnte. Die Eltern waren ratlos. Kann uns denn niemand helfen? Jaïrus und seine Frau waren verzweifelt. »Was ist, wenn es mit unserer Tochter zu Ende geht? Was sollen wir tun, wenn wir keine Hilfe bekommen? Wird unsere Tochter sterben?«

Da hörte Jaïrus von anderen, dass Jesus in der Stadt ist. »Jesus?«, fragte sich Jaïrus, »das ist doch dieser Mann aus Nazareth, dieser Lehrer?« Und er erinnerte sich auch, dass er sich schon über ihn geärgert hatte. Aber nun machte er sich auf die Suche nach Jesus. Überall, auf den Plätzen und Straßen suchte er ihn. Endlich fand er ihn draußen am See Genezareth. Da waren viele Menschen, alle wollten zu Jesus. Sie versperrten Jaïrus den Weg, aber das störte ihn nicht, es störte ihn auch nicht, als jemand fragte: »Was will er denn hier?« Er drängelte sich durch die Menge und fiel vor Jesus auf die Knie: »Jesus, mit meiner Kleinen, mit meiner Tochter, geht es zu Ende. Jesus, komm doch, komm du doch zu uns und hilf uns, sie ist todkrank. Wenn du deine Hände auf sie legst, dann wird sie wieder gesund.« Jesus sah die Verzweiflung in den Augen des Jaïrus. Er fragte nicht viel, er ging einfach mit Jaïrus mit. Als Jaïrus und Jesus in die Gasse kamen, wo er wohnte, da kamen dem Jaïrus Leute aus seinem Haus entgegen. Schon von weitem riefen sie: »Es ist zu spät, Jaïrus, es ist zu spät! Mit deiner Tochter ist es zu Ende. Du brauchst Jesus nicht mehr zu bemühen. Deine Tochter ist tot.«
Jaïrus erschrak, als er das hörte. Er war verzweifelt. Was soll er nun machen? Jesus schaute Jaïrus an. Ihn kümmerte nicht, was die Leute sagten, sie hatten keine Hoffnung. »Erschrick nicht, Jaïrus, fürchte dich nicht, Jaïrus!«, sagte Jesus, »glaube nur.« Und Jesus ging mit Jaïrus in das Haus. Da war ein großes Weinen in dem ganzen Haus. Jaïrus musste sich Vorwürfe anhören von den vielen Menschen, die dort versammelt waren. Im ganzen Haus hatten sie schon das Klagegeschrei angestimmt, so wie es der Brauch war.
Jesus sah die Verzweiflung, aber er sagte: »Was macht ihr für ein Geschrei?! Das Kind ist nicht tot, es ist müde, sehr müde, es schläft.« Die Menschen lachten Jesus aus. Ein zorniges Gelächter war das, ein Gelächter voller Vorwürfe: »Was willst du nur, da kannst du auch nichts mehr machen, die steht nicht mehr auf!«
Aber Jesus schickte alle Menschen fort, die in das Haus gekommen waren. Da war es wieder ganz still im Haus. Nur die Eltern waren da und drei Jünger, die mit Jesus gekommen waren. »Fürchte dich nicht, glaube nur«, dieses Wort hatte Jaïrus immer noch im Ohr. Er blickte zu Jesus. Kann ich ihm vertrauen? Woher nimmt er diese Hoffnung?

Jesus ging mit den Eltern in den Raum, wo das Kind lag. Ganz still lag das Mädchen auf seinem Bett und es rührte sich nicht. Die Eltern konnten kaum das Kind anschauen, sie hatten Angst, dass nun verloren war, um was sie so lange gekämpft hatten, ihr geliebtes Kind. Da ging Jesus zu dem Mädchen und nahm sie bei der Hand. Er hielt die Hand ganz fest. Und dann fing er an mit ihr zu reden. »Talita, das bedeutet, mein kleines Mädchen. Talita kum!«, sagte er, »komm, steh auf, mein liebes Kind!« Und es geschah. Jesus richtete das Mädchen auf. Auf einmal bewegten sich ihre Augen. Ihre Lippen formten einen Laut, das Mädchen stand auf. Langsam lief es auf seine Eltern zu. Die Eltern nahmen es in ihre Arme. Die Eltern waren ganz starr vor Freude, Tränen liefen über ihre Wangen, aber nun waren es Freudentränen.

»Gebt eurem Kind zu essen!«, sagte Jesus, »es hat Hunger.« Da war es, als wenn nun auch neues Leben in die Eltern zurückkehrte. Schnell standen sie auf und holten etwas zu essen. Und sie schauten zu, wie es ihrem Kind schmeckte.

Voller Freude wollten sie es allen auf der Straße hinausrufen: »Seht, was Jesus getan hat, er hat unser Kind errettet, er hat ihm das Leben geschenkt!«

Aber Jesus hielt sie zurück. »Sagt es nicht weiter, denn es soll noch ein Geheimnis bleiben.«

Markus 5,21-24.35-43

Impuls zur Weiterarbeit

Diese Geschichte nimmt erzählend vorweg, was in der Offenbarung des Johannes als Glaubenssatz in Bedrängnis überliefert ist: »Gott wird abwischen alle Tränen, und der Tod wird nicht mehr sein.« Dabei bietet sie gerade Kindern auf einer tiefen symbolischen Ebene hoffnungsvolle Bilder, auch in Krankheit, Leid und Krisen auf das Leben zu vertrauen.

Abschied von Max

Hinten in unserem Garten blühen drei Osterglocken. Und dazwischen steht ein kleines Kreuz. Wenn man ganz nah herangeht, kann man noch lesen, dass auf dem Kreuz MAX steht.

Max war einer von meinen beiden Hamstern. Im letzten Herbst wurde er krank. Wir sind mit ihm zum Tierarzt gefahren. Der hat ihn vorsichtig untersucht und eine Spritze gegeben. Aber dann hat er uns gesagt, dass Max vielleicht bald stirbt, denn Hamster werden nicht viel älter als zwei Jahre. Und in den letzten Herbstferien lag er eines Morgens tot im Stall neben dem Rad. Mein anderer Hamster saß ganz traurig in der Ecke. Ich habe mit meiner Schwester eine Schachtel mit weicher Holzwolle geholt. In diese Schachtel haben wir Max vorsichtig hineingelegt. Er fühlte sich ganz anders an als sonst.

Ich war ganz traurig, Max war immer so lustig mit seinen pfiffigen Augen. Ich konnte mich noch gut an den Tag erinnern, als ich ihn in der Zoohandlung ausgesucht habe.

Was machen wir jetzt mit ihm? Meine Schwester hat gesagt: Wir beerdigen ihn im Garten. Nach dem Frühstück ist Mama mit uns hinten in den Garten zum Johannisbeerstrauch gegangen. Sie hatte eine Schaufel mitgebracht. Ich habe die Schachtel gehalten und meine Schwester hat ein kleines Loch an dem Strauch in die Wiese gebuddelt. Dann habe ich die Schachtel vorsichtig in das Loch gelegt und das Loch wieder mit Erde zugemacht. Mama hatte uns noch ein paar Blumenzwiebeln gegeben, die haben wir mit eingepflanzt. Aber damit war es noch nicht fertig. Ich habe mit meiner Schwester noch ein kleines Kreuz gebastelt und mit einem dicken Stift MAX darauf geschrieben. Abends habe ich von meinem Zimmer aus in den Garten geschaut. Da waren noch viele Vögel auf der Wiese, nur mein Max, der war tot. Abschied nehmen ist gar nicht so einfach!

Da musste ich wieder weinen, ich hatte Max doch so gern! Gut, dass Mama kam, da konnte ich mich bei ihr ankuscheln. Und als ich genug geweint hatte, da konnte ich auch wieder von Max erzählen.

Und wenn ich heute Abend aus meinem Fenster in den Garten gucke, dann sehe ich die Osterglocken und das Kreuz, und dann denke ich an Max.

Impuls zur Weiterarbeit

Diese Erzählung ist bewusst knapp gehalten, um Kindern Raum für das Erzählen eigener Erfahrungen zu geben. Gleichzeitig lädt sie ein, über den Faktor »Zeit« in der Trauer nachzudenken.

Als Oma gestorben war

Das war kurz vor Ostern, als mein Vater eines Abends nach Hause kam und erzählte:»Heute Nachmittag ist Oma ganz friedlich eingeschlafen.« Und dabei guckte er so traurig, dass ich gleich wusste: die Oma wacht nicht mehr auf, Oma ist gestorben.

Oma, also die Mutter von meinem Papa, war schon länger krank. Sie lebte allein, meinen Opa habe ich gar nicht mehr kennen gelernt. Ich weiß aber viel von ihm, Oma hat mir oft Bilder gezeigt und von ihm erzählt. Überhaupt, ich war oft bei Oma, das war immer sehr schön mit ihr, sie hat viel Zeit für mich gehabt.

An dem Abend habe ich viel geweint. Papa und Mama hatten in den nächsten Tagen viel zu tun. Mama hatte einen Mann angerufen, der sich gut auskannte. Er hat Papa und Mama viel geholfen. Ein Sarg wurde ausgesucht, viele Briefe wurden geschrieben. Zum Glück hatte Oma eine Liste gemacht für alle, die eine Nachricht bekommen sollten, wenn sie mal starb.

Am Tag vor der Beerdigung kam auch der Pastor. Ich weiß auch nicht mehr, aber irgendwann ging ich ins Wohnzimmer und fragte:»Wo ist Oma jetzt?« »Deine Oma ist jetzt bei Gott, da ist sie gut aufgehoben«, hat der Pastor gesagt. Komische Sätze sagen die Erwachsenen manchmal!

Am Nachmittag sind wir noch mal zum Friedhof gefahren. Da war Oma in einer Halle in ihrem Sarg aufgebahrt. Sie hatte ihr Lieblingskleid an. Und es sah wirklich aus, als ob sie ganz friedlich schlief. Mama hat mir erklärt, dass Oma in diesem Sarg neben Opa auf dem Friedhof beerdigt wird. Wir haben sie dann noch ein letztes Mal angeschaut, und wir haben alle geweint. Wir hatten Oma alle so lieb!

Abends kamen Papa und Mama beide an mein Bett. »Wo ist Oma bloß jetzt?«, habe ich wieder gefragt. Irgendwie war mir ja klar, dass sie da in dem Sarg lag, aber irgendwie war sie auch nicht mehr da. Papa und Mama haben sich angeschaut, und dann hat Papa gesagt: »Ich weiß es auch nicht, aber ich glaube, dass Gott größer ist als das, was wir sehen. Und da, wo Oma jetzt ist, mit allem, was wir so lieb haben an ihr, da können wir nicht hin. Aber Gott ist auch da und behütet sie.«

Am nächsten Morgen war dann die Beerdigungsfeier in der Trauerhalle vom Friedhof.

Vorn, zwischen großen Kerzenleuchtern, stand der Sarg von Oma mit vielen schönen Blumen darauf. Papa und Mama setzten sich zu der Schwester von Papa und ihrer Familie in die erste Reihe. Ich erinnere mich an die Orgel und an das, was der Pastor von Oma erzählt hat. Er hat dann auch wieder gesagt, dass sie bei Gott gut aufgehoben ist. Und er hat von Jesus erzählt. »Jesus ist auch gestorben, aber er ist wieder lebendig geworden, weil Gott allen Menschen zeigen wollte, dass er stärker ist als der Tod. Jesus kennt Gottes Haus, hat er gesagt, und Jesus war auch in den Räumen, wo die Lebenden nicht hin können, aber Gott ist auch bei den Gestorbenen.«

»Lieber Gott, pass gut auf Oma auf, sie war immer so lieb zu mir«, habe ich da geflüstert, und dann habe ich geweint.

Später sind wir hinter dem Sarg zum Grab gegangen, erst die Familie und dann alle die anderen, die Oma gut gekannt haben.

Bei dem Grab von Opa war eine große Grube ausgehoben, da passte der Sarg von Oma genau hinein. Nachdem der Pastor einen Segen gesprochen hatte, gingen alle am Grab vorbei und haben etwas Erde oder Blumen auf den Sarg geworfen. Als ich gerade eine Rose hineingeworfen hatte, da geschah es: Über dem Grab saß auf einem Zweig ein Vogel, und der fing auf einmal wunderschön zu singen an.

In dem Moment habe ich ganz fest geglaubt: »Oma, du bist da unten im Sarg, weiß ich ja, weil ich es gesehen habe, aber irgendwie bist du auch bei Gott. So, als wenn er sie selbst zu sich geholt hat, gut aufgehoben eben.«

Nun ist ein Jahr vergangen. Das Grab von Oma ist schön geschmückt und die Vögel singen vom Leben.

Und ich kann an alle schönen Sachen denken, die ich mit Oma gemacht habe.

Impuls zur Weiterarbeit

Diese Erzählung lässt sich aus verschiedenen Blickwinkeln betrachten. Es geht
(1.) um das Ergehen des Kindes in der Familie, (2.) um den Ablauf der ersten Tage nach dem Tod eines Angehörigen und (3.) um Erfahrungen, die manchen Kindern verwehrt waren (Besuch der aufgebahrten Oma bis hin zur Präsenz bei der Beerdigung).
Sicher werden bei dieser Geschichte auch die Erfahrungen der Kinder mit Todesfällen in der Familie in das Gespräch einbezogen werden. Nicht nur für die Kinder kann es da hilfreich sein, ein kleines Erinnerungslicht für die/den Verstorbenen zu basteln. Zusammengestellt zeigen sie dann, wie wir alle vom Tod betroffen sind und darum uns gegenseitig Trost geben können.
Die Kinder bekommen hierzu Gläser aus Weißglas (Marmelade etc.). Mit gerissenem Transparentpapier können diese mit einfachen Ornamenten flächig beklebt werden. Als Klebstoff eignet sich Tapetenkleister oder Klebestifte. Nach der Fertigstellung werden Teelichte mit Klebwachs in das Glas eingesetzt. Entzündet werden die Kerzen mit langen Kaminstreichhölzern.

Bibelstellenregister